マツダミヒロ・WAKANA

ベスト
パートナー
を育む

魔法のしつもん

WAVE出版

結婚して幸せになる夫婦、不幸せになる夫婦、どこがちがうのでしょうか？
大好きな人と結婚したのですから、
自分もパートナーも、もっともっとハッピーになっていい。
そして、ひとりの時よりも二人でいるほうが、
より安心して自分らしくいられる関係を築けるはず。

夫に遠慮してしまい、言いたいことが言えない
夫婦で話し合いたくても、夫に拒否される
夫婦の会話がない、言い合い出すと、感情沼にハマってしまう
価値観が合わない、忙しくて、夫婦の時間がない

またスキンシップの不満
夫を異性として見られない
夫の浮気で信用崩壊
夫とは別に恋人がいる

ときには、別れたいと思いながら、別れられない
素敵なパートナーシップを築いている人が周りにいない、お手本がいない
たくさんの葛藤や悩みを抱えている女性が多くいらっしゃいます。

ぼくたち夫婦は互いに好きな仕事をしながら、
年300日以上、世界中を旅しています。
ずっといっしょにいるので、イヤにならない?喧嘩しない?といわれるけど、
付き合った当初よりずっとずっと仲が良い。
そんな風に変われた理由、それはWAKANAとの「魔法の質問」でした。

この本で、いっしょに「ベストパートナーを育むしあわせの法則」
見つけていきませんか。

ベストパートナーを育む魔法のしつもん　目次

第1章

夫とうまくコミュニケーションできないあなたへ

第2章 夫婦喧嘩しがちなあなたへ

第3章

夫婦の時間に不満なあなたへ

第4章

離婚、そして再出発をするあなたへ

ブックデザイン　小口翔平＋大城ひかり（tobufune）
DTP　NOAH
ブックインタビュー　鮫川佳那子
執筆協力　黒部エリ
編集　大石聡子（WAVE出版）
編集補助　竹内葉子（トレスクリエイト）

一 序章 一
もう結婚するもんか

マツダミヒロです。


「もう結婚するもんか！」

数年前まで、こう固く決めて、生きていました。


20代で結婚し、娘も生まれ、一生懸命幸せな家庭を作ろうとしてみました。

けれども、うまくはいかず、「ぼくには家庭生活は向いていない」という一方的な結論を出し、もう結婚するもんかと決めていました。


シングルの方が、自由に使える時間がたくさんある。

誰も気にすることなく自由に生きていける。

自分のペースで生きていける。

結婚するよりも、どう考えても独身の方がメリットあるじゃないか。

と考えて人生を楽しんでいました。

本格的に付き合うというよりも、時間があるときに、その時にいたい人と一緒に過ごせばいい。パートナーシップにおいては、そんな、とてもずさんな生き方でした。

相手を大切にするというよりも、自分が大切。いま考えると、最低な男です（苦笑）

娘からの一言

夏休みに、小学生の娘と2人でアメリカへ旅行しました。その時に娘から、

「今度結婚する人は、私のママになる人だから、本当に本当に好きな人と結婚してね」と。

これは、衝撃の一言でした。結婚するつもりは、そもそもなかったのですが、本当に本当に好きな人と、というフレーズが頭から離れません。

最低な男だったので、本当に本当に好きな、ということなど考えたこともありません。

でも、本当に本当に好きというのは、どういうことなんだろう？と考え続けました。

その答えはすぐには出てきませんでしたが、問い続けることが大事。

この問いは、今もなお問い続けています。

「自分にとって、本当に本当に好きな人は誰なんだろう?」

自分へ質問したときに、急に思い浮かんだ女性がいました。

その人は、それまでは、付き合う対象ではなく友人だったので、自分でも、なぜその人が出てきたのか、まったくわかりませんでした。

その女性というのが、今の妻です。

パートナーシップのレッスンの日々

人付き合いが苦手なぼくは、もちろん恋愛もパートナーシップも苦手です。それは今でも苦手です。誰かからそういった相談が来れば、妻に相談し、人間関係の悩みがあれば、妻に相談し、ぼくひとりで考えたことは、ほとんどありません。

なぜならば、結婚する前から、その時々のパートナーとの恋愛の悩みをずっと相談していたのもWAKANAでした。

相談をする度に、あまりにも的を得ているアドバイスをしてもらい、助かったことが多々あったのです。

そのため、今回のパートナーシップの本の執筆を頂いた時は、ちょっと躊躇しました。

……ぼくには、書けないかも。

でも、妻と二人で書くことになったので、こうして皆さんの手元に本があるわけです。

ぼくのパートナーシップのレッスンは今もなお続いています。

1年のほとんどを海外で過ごすぼくたちは、いろんな国での、男女の関わり合いを目の当たりにしてきました。それは、日本の感覚とはまったく違うもの。

特に、東北で育ったぼくは、ごはんは女性が作って当たり前、家事はもちろん、暮らしの世話も女性がするという情景しか見ていません。車に乗る時にドアを開けたり、座る時に椅子を引いたりするというジェントルマンな行動には、驚きました。そして、驚いているだけでぼくは何もしていませんでした。そんな中、

「ちょっとした心遣いがあると、やられたほうは大切に関わってくれるよね。やったほうも気持ちがいいし、できる時はやってあげたほうが、互いの関係性がよくなるよね」

というアドバイスを、ある国の友人からもらいました。

そっか、それぼくもやったほうがいいんだ、と改めて気が付き、忘れるときもありますが、女性に限らず男性に対しても、そのように接することを心がけています。

対話のレッスン

ぼくは、基本的に人と真剣に話し合うことが苦手でした。

できるならば、面倒なことには関わりたくない、そう思って生きてきました。

恋愛関係や人間関係であれば特にです。

そんなシーンでも、妻のレッスンが自然と始まります。

事実を伝えてもらい、それが、どう影響するのかを知ります。

向き合って解決することで、自分たちが望んでいる状態を見つけていきます。

「自分が望んでいることは、どうなったらいい？」

と、問いかけられ

「そこに向けて一緒に解決していこう」

と共に寄り添って解決していきます。

今までは、先送りしたり、見ないことにしたりしていたものも、いちいち取り組んでいくので、最初の頃はちょっと面倒でした。

でも、きちんと取り組んでいくことで、ひとつずつ確実に問題が解決されていきます。

それが積み重なっていくことで、自分の考え方にも変化が起きていきました。

関わることが面倒でなくなったり、対話をしていくことに抵抗がなくなったり、真剣に生きていくようになったのです。

全く違う二人

365日をほぼ二人一緒に過ごしているので、

「ケンカしないの？」

「嫌にならないの？」

という質問をよく受けます。


また、パートナーシップが良いと、みなさん感じてくれているようなので、

「それは、この二人だからできるんだよね、私の夫婦は無理」

「同じようなタイプだからできるんだね」

とも言われます。


でも、**実はぼくたち二人はまったく違うタイプなのです。**

ぼくは感じることよりも頭で考えることが得意で、一度にたくさんのことを取り組み、

コミュニケーションやプロセスよりも結果を重要視し、時間がもったいないといつも思っていて、仕事ではより多くの方々を相手にしたい。

一方、妻は、感じることや感覚を大事にし、じっくりと深く取り組み、結果よりも関わり合いを大切にして、ゆったりとした時間を取るようにし、仕事ではＳＮＳなどを使わず、ご縁がある方とつながっていく。

本当に真逆のタイプなのです。

パートナーを探す時、選ぶ時、自分と同じような人を選びたいと思ってしまうかもしれません。またすでにパートナーがいる場合は、「なんで私の気持ちをわかってくれないの！」と、自分と同じような人だったらいいのにと思う方も多いことでしょう。

でも自分と違うタイプだからこそうまくいく、ということがたくさんあるのです。

ただタイプが違う時に意識をするべきことがあります。

それが次に述べる３つのことです。

パートナーシップで大切にしたい3つのこと

妻からのレッスンで学んでいくうちに、どんなカップルでも、そしてどんな問題でも共通する3つの大切なことがあるとわかりました。それは、

1・自分を生きること
2・どんな姿になりたいかを決めること
3・ひとつであると知ること

ということです。

1・自分を生きることとは？

自分を生きるとは、他人を優先せず、自分を一番大事にするということです。相手に遠

慮をしてしまったり、気を使ったりして、自分の想いはさておき、相手を優先してしまうという場面があるかもしれません。

例えば自分はゆっくり休みたいけど、夫から無理やり誘われてイベントに出かけた。ちょっと気がのらないけど断りきれず、近所の会合に毎回出ているなど、細かいけれども相手を優先してしまっていることは、日常にたくさん潜んでいることでしょう。

そんな時は、自分がとっている選択がどちらなのかを考えてみましょう。

やりたい（WANT）ことなのか？
やらなければいけない（MUST）ことなのか？

やりたいという事は心から生まれてくるものであり、やらなければいけないことは、頭で考えて選択する傾向にあります。

いつも頭を使っているのであれば、心で感じた行動を決断してみましょう。

ちいさな一つひとつの選択を、後悔しない選択を選んでいくことが、自分の人生を生きることになります。

2・どんな姿になりたいかを決めることとは？

人はどうしても、今の延長線上で未来の姿を考えてしまいます。
しかも、悪い方向へ考えてしまうクセが多くの人にあるようです。
現状は一度忘れて、どうなったら最高なのかを描いてみましょう。

自分がどんな気持ちやどんな状態になったら最高なのか？
また夫婦のことであれば、二人がどんな状態になったら最高なのか？

もしかしたら「相手は絶対にそうはならない」と感じているかもしれません。
そうなるかならないかは、今の時点ではどちらでもよいのです。
ただ、最高の状態をイメージしてみてください。

3・ひとつであると知ることとは？

ワンネス・リレーションシップという言葉があります。

これは、パートナー同士はつながっていて、ひとつである、と考えてみることです。

どうしても人は、

「自分は正しくて相手が間違っている、だから相手が変わってほしい」

と思ってしまいがちです。

でも、ワンネス・リレーションシップ的に考えると相手を否定することは、自分を否定することになります。相手を変えようとするということは、自分を変えることです。


パートナーと自分は別のものと考えると、問題や、うまくいかないことが起きてしまいがちになります。でも、相手を自分と捉えることによって今まで問題だったことが、どんどん解決していくのです。

自分と相手を一人の人間としてすべてを捉えてみましょう。

本当にたいせつなこと

はじめまして、WAKANAです。

今回みなさんの人生に関わらせていただける機会に心から感謝しています。

私たち夫婦は、まったく違う性質の持ち主です。だからこそ、共感できる悩みもあれば、互いの異なった視点からひとつのテーマを見ていくこともできます。

私が昔から大好きな絵本に『たいせつなこと』（マーガレット・ワイズ・ブラウン）という本がありますが、まずその一節をご紹介させてくださいね。

「ひなぎくは　しろい」
まんなかが　きいろく
ながくて　しろい　はなびらには

はちが　ちょこんと　すわり
なんだか　くすぐったい
かおりが　して
ひろい　みどりの　そうげんに
よりそい　ささやきあっている

でも　ひなぎくに　とって
たいせつなのは
しろく　あること

生きていると、大好きなもの、大切な人がどんどん増えていきますよね。
そうすると、豊かさも愛情も大きくはなりますが、反対に、何かを決断するとき、**自分だけの思いで決められなくなることがよくあります。**

パートナーと暮らしながら、なにか問題にぶつかった時、あまりに気にしなくてはいけないことがあって、答えが見えずに悩むことがたくさんあるのではないでしょうか。

自分の感情だけではなく、相手の気持ちもあれば、取り巻く環境や価値感、さまざまな要素がからみ合って、迷ってしまいがちです。

けれども「本当にたいせつなこと」は、とてもわかりやすくて、何よりも自然な状態です。「たいせつなこと」はいつもひとつしかなくて、それはとてもシンプルなのです。そして、どんなに複雑に見える時も、答えは意外ととてもシンプルで、目の前にあったりするのです。

たとえばパートナーのやることに対して不満を持っている時

「なんでこの人はこうなんだろう」

「なんでこうしてくれないの？」

という言葉や怒りや期待の感情が生まれやすいですよね。

ここで大切なことは、自分が本当はどうしたいのか、ということ。

どんなに複雑に感じることであっても、実は、

「愛して欲しい」

「相手に対する大好きな気持ち」

という思いが、見えなくなっているだけだったりします。


きっとみなさんはこれまで、たくさん悩み、よりよいパートナーシップを築いていきたいと、一生懸命考えて、がんばってこられたのだと思います。

私も同じようにたくさん悩んで、傷ついてきた人間のひとりです。

その経験の中から見出したことがあります。それは「人は今このとき大切にしたいことは、いつもひとつだけしか選ぶことができない」ということ。


私にはあまりに大切なもの、大切な人、大切にしたいことがありすぎて、そのため自分の本当の思いからずれてしまうこともよくありました。

大切な人（相手）を大切にすることは、相手の思いを優先することだと信じていたし、

それを一生懸命して生きてきたのです。けれども、うまくいきませんでした。

あるとき壁にぶつかった私は、「本当に相手を大切にするとはどういうことか」を問いかけてみたのです。出てきた答えは「相手に誠実になること（相手を大切にする）とは、自分に誠実になること」でした。


これは、先にミヒロが述べたワンネス・リレーションシップの考え方の始まりでした。

自分も大切なパートナーも見えないパイプで繋がっています。だから、自分の幸せを思うことで、そのエネルギーがご縁というパイプを通じて相手に流れていって、幸せになるというスイッチが自然と相手の中で押されていくのです。

そう考えることで、本当の意味で自分に向き合うことができるようになります。

また、**自分の正直な思いを選ぶことに罪悪感を感じるかもしれませんが、それは、相手が自分に正直になる機会を与えているという点で、相手の人生のためでもあるのです。**

もしかしたら、私たちがお伝えしていることは、今までやったことがないことであるかもしれません。新しいことを人生に取り入れる時は、最初はうまくいかないこともあるでしょう。

それでいいのです。今まで自分を守ってきた古い考え方が最後まで自分を守ろうと抵抗したり、まるで洗濯機で洗濯をした時に、いったん汚れが浮き出てくるみたいにいろんな気持ちが出てきたりします。

それは、うまくいっているプロセスのひとつであるので、そこで生まれてきた感情や状況を受け入れつつも、留まりすぎないこと。どうぞ、じっくりご自身のペースで、自分に優しく、幸せに向かって取り組んでいっていただけたらと思います。

ミヒロと出会う前の私

ミヒロと出会う前の私が優先していたことは、親や前の結婚での家族を傷つけないで、大切にすること、でした。

もともと好奇心旺盛だった私ですが、小さい頃からまわりの人たちの思いや状況への共感力がとても強かったのです。そのため**相手を大切にすることは、その思いを汲み取って、自分よりも相手の気持ちを生きることだと思って生きてきました。**

けれど、家族やまわりに合わせていく生活というのは、まわりには受け入れられるものの、どんどん自分から遠ざかっていく感じがいつもありました。

自分から離れていくと、円満に暮らしていたと思い込んでいた家族が鬱になるなど、さまざまな問題が起こってきました。

さらにそれまで築いてきた仕事や縁を手放して、突然田舎に引っ越すことになり、理想を描いていた生活から離れていくことになりました。

「とてもお世話になっているのだから、大切にしなければいけない」
「恵まれているのだから、その現実を大事に生きなければいけない」
という思いが強くなりすぎて、身動きが取れなくなっていったのです。

家族の思いを大切にして生きてきたのに、その先の道はどんどん狭くなって、身動きがとれなく、心は幸せを感じることができないという状態でした。

そこで私の生き方を変える時なのではないかと考え、**「相手を大切にするとはどういうことか」という根本的な問いに、あらためて向き合ったのです。**

笑顔でいようと思えばいられるし、家族のことは大切に思っている。けれども、生きることへの情熱もあまり感じられなくなってきて、二年くらいかけて自分を見つめる作業をした後、ついに前の結婚を卒業することにしました。

自分が生きたい人生を生きるにはどうしたらいいだろう。
自分を喜ばせ、自分を生かすためにどうすればいいだろう。

そう問い続けて出てきた答えでしたが、それまで家族の思いを一番大切にすることを軸に生きてきた私にとって、離婚の決断は胸が張り裂ける思いで、とても勇気のいるものでした。

そんな決断をした後に、当時は友人だったミヒロから突然の告白。

いきなり大海原に引っ張り出されたような混乱とワクワク感、なによりも自然体の自分でいられる心地よさと安心感がどっと押し寄せてきたのでした。

夫と出会って解決力がクリアに

夫は、クリエイティブで世の先端をいく人。

人付き合いは苦手ではあるものの、そのぶん人のことを気にしないで自然体の自分でいられる強さを持っていました。

その強さが、私自身にとっても、「どんなときも自分の思いに正直にいること」「ひとりの時よりも二人でいる方がより安心して自分らしくいられること」、という体験をもたらしてくれました。


そして夫との生活を重ねるうちに、どんどん自分自身に再びつながっていきました。

今まで他人に使っていたエネルギーや時間を、安心して自分に使えるようになったことで、もともと強い方だった直感力はどんどんクリアになっていきました。

すると、自分だけでなく、**誰かの悩みや問題なども、なぜそうなっているのか、霧が晴れたように理解する力が磨かれていきました。**

小さい頃から、実家の二階の部屋の窓辺に座って夜星を眺めながら、いま見えている空の向こう側に行きたいと毎日のように願っていたものです。

それが夫と共に自分たちを大切にして生きるようになったら、空の向こうにある世界中のご縁ある場所で、家族のような友人たちと過ごせる生活がかなったのです。

性質の違う夫との対話

とはいえ、生きるリズムも価値観も仕事の仕方も真逆のような私たちだったので、付き合うと決めてから、数えきれないほどの対話を重ねてきました。

本当に小さなことも気になることは全部話し合い、例えば、「ゆっくり過ごす」という言葉でさえも、夫は10分、私は3日間くらいと全く違うので、二人にとっての「ゆっくり過ごす」を見つけていくという作業をしていったのです。

夫を理解するためには、自分を理解しないと何が一緒で何がちがうのかわからないし、何がしたいことでどんなことを一緒に実現したいのかもわからない。だからこそ、お互いに理解することが、自然と二人の心地よい関わりを生み出していくのだと思います。

もっと、もっとハッピーになるために

ここでお伝えしておきたいことがあります。「すべて自分ごと」という考え方を取り入れた時、たとえ、ある問題において、**相手の非を自分の非だと捉えたとしても、自分を責めてはいけない**ということです。

物事にはすべて原因がありますが、その原因は、自分の在り方をみて、変えることで解決できることもあるのだ、と楽になるように受けとること。いつでも**自分をより幸せにするために事は起きている**、という思いで、この本のメッセージや今起こっていることを、受け取っていただけたら嬉しく思います。

この本の見方

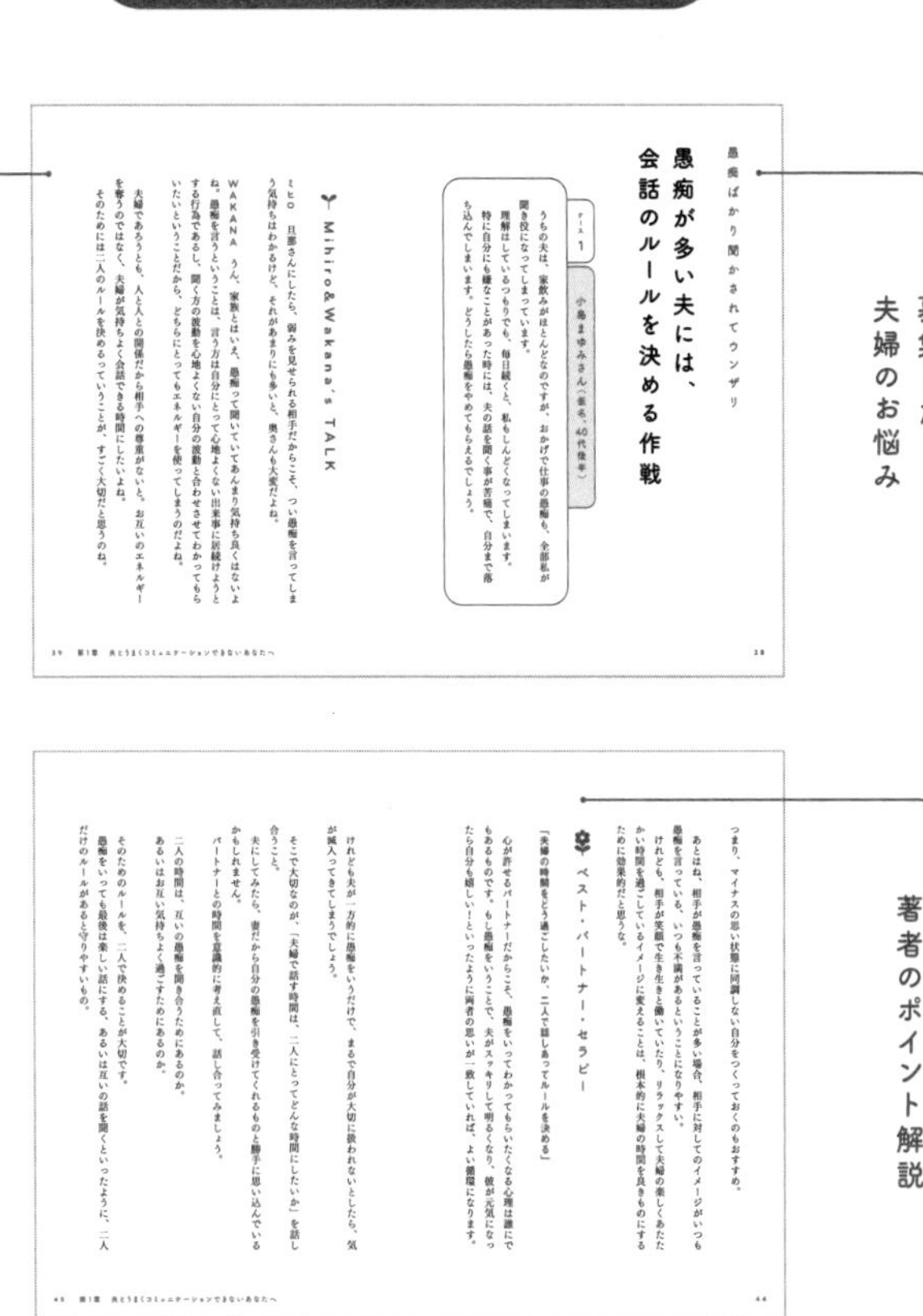

愚痴ばかり聞かされてウンザリ

愚痴が多い夫には、会話のルールを決める作戦

ケース1 小島まゆみさん（仮名、40代後半）

うちの夫は、家飲みがほとんどなのですが、おかげで仕事の愚痴も、全部私が聞き役になってしまっています。

理解はしているつもりでも、毎日続くと、私もしんどくなってしまいます。

特に自分にも嫌なことがあった時には、夫の話を聞く事が苦痛で、自分まで落ち込んでしまいます。どうしたら愚痴をやめてもらえるでしょう。

Mihiro&Wakana's TALK

ミヒロ　旦那さんにしたら、弱みを見せられる相手だからこそ、つい愚痴を言ってしまう気持ちはわかるけど、それがあまりにも多いと、奥さんも大変だよね。

WAKANA　うん、家族とはいえ、愚痴って聞いていてあんまり気持ち良くはないよね。愚痴を言うということは、言う方は自分にとって心地よくない出来事に居続けようとする行為であるし、聞く方の波動を心地よくない自分の波動と合わせさせてわかってもらいたいということだから、どちらにとってもエネルギーを使ってしまうのだよね。

夫婦であろうとも、人と人との関係だから相手への尊重がないと。お互いのエネルギーを奪うのではなく、夫婦が気持ちよく会話できる時間にしたいよね。

そのためには二人のルールを決めるっていうことが、すごく大切だと思うのね。

つまり、マイナスの思い状態に同調しない自分をつくっておくのもおすすめ。

あとはね、相手が愚痴を言っていることが多い場合、相手に対してのイメージがいつも愚痴を言っている、いつも不満があるということになりやすい。

けれども、相手が笑顔で生き生きと働いていたり、リラックスして夫婦の楽しくあたたかい時間を過ごしているイメージに変えることは、根本的に夫婦の時間を良きものにするために効果的だと思うな。

ベスト・パートナー・セラピー

「夫婦の時間をどう過ごしたいか、二人で話しあってルールを決める」

心が許せるパートナーだからこそ、愚痴をいってわかってもらいたくなる心理は誰にでもあるものです。もし愚痴をいうことで、夫がスッキリして明るくなり、彼が元気になったら自分も嬉しい！といったように両者の思いが一致していれば、よい循環になります。

けれども夫が一方的に愚痴をいうだけで、まるで自分が大切に扱われないとしたら、気が滅入ってきてしまうでしょう。

そこで大切なのが、「夫婦で話す時間は、二人にとってどんな時間にしたいか」を話し合うこと。

夫にしてみたら、妻だから自分の愚痴を引き受けてくれるものと勝手に思い込んでいるかもしれません。

パートナーとの時間を意識的に考え直して、話し合ってみましょう。

二人の時間は、互いの愚痴を聞き合うためにあるのか。

あるいはお互い気持ちよく過ごすためにあるのか。

そのためのルールを、二人で決めることが大切です。

愚痴をいっても最後は楽しい話にする、あるいは互いの話を聞くといったように、二人だけのルールがあると守りやすいもの。

一日じゅう夫婦の会話がない

相手に感謝の言葉を伝えることから

ケース4 広田れいこさん（仮名、50代）

夫と一日じゅう一緒にいても、夫婦の会話がありません。

夫は私に興味がなく、めったに話しかけてきませんし、私が話しかけても一方通行で、会話が成り立ちません。

夫婦でありながら、会話もなく、子育ても一段落した今、なんの共通項もありません。

魔法の質問

- なぜ、あなたはパートナーと話し合いたいのですか？
- なぜ、パートナーはあなたとの話し合いを拒んでいるのでしょう？
- 話し合いで生まれる、パートナーにとっての不都合は何ですか？

一般の方に募集した夫婦のお悩み

ミヒロ&WAKANAが対話形式で、原因や深層心理を掘り下げます。自分の問題を解決するときのヒントになるので、必読です。

「ベスト・パートナー・セラピー」は著者のポイント解説

解決へ導く「魔法の質問」

第1章

夫とうまくコミュニケーションできないあなたへ

- 愚痴ばかりでウンザリ
- 本音を話せない
- 話し合いを拒否される
- 会話も共通項もない
- 感情沼にハマってしまう
- 夫が仕事で落ち込んでいる

「二人にとってどんな状態がいいのか」を考えながら話してみましょう

愚痴ばかり聞かされてウンザリ

愚痴が多い夫には、会話のルールを決める作戦

ケース1

小島まゆみさん（仮名、40代後半）

うちの夫は、家飲みがほとんどなのですが、おかげで仕事の愚痴も、全部私が聞き役になっています。

理解はしているつもりでも、毎日続くと、私もしんどくなってしまいます。特に自分にも嫌なことがあった時には、夫の話を聞く事が苦痛で、自分まで落ち込んでしまいます。どうしたら愚痴をやめてもらえるでしょう。

Mihiro&Wakana's TALK

ミヒロ　旦那さんにしたら、弱みを見せられる相手だからこそ、つい愚痴を言ってしまう気持ちはわかるけど、それがあまりにも多いと、奥さんも大変だよね。

WAKANA　うん、家族とはいえ、愚痴って聞いていてあんまり気持ち良くはないよね。愚痴を言うということは、言う方は自分にとって心地よくない出来事に居続けようとする行為であるし、聞く方の波動を心地よくない自分の波動と合わせさせてわかってもらいたいということだから、どちらにとってもエネルギーを使ってしまうのだよね。

夫婦であろうとも、人と人との関係だから相手への尊重がないと。お互いのエネルギーを奪うのではなく、夫婦が気持ちよく会話できる時間にしたいよね。

そのためには二人のルールを決めるっていうことが、すごく大切だと思うのね。

ミヒロ　そうだね、「夫婦で会話する時間は、二人にとってどんな時間にしたいのか」について話し合うことが大事だと思う。そこが一致していないと、どちらかが不満を持つことになってしまうからね。もしかしたら、この相談者さんの旦那さんは、自分の愚痴を聞いてもらうということが、夫婦の大事な時間だと思っているかもしれない。

そういう不一致を防ぐためにも、**夫婦で会話する時間に対して、どんな風に関わっていきたいか話し合っていったほうがいい**よね。

WAKANA　なんとなくそうなってしまっていることを、二人で意識して、どういう時間にしたいか話し合ってみる。そしてルールを二人で作っていくのがいいと思う。

まず愚痴は、意識的に「断り」制にしてみる。

「ちょっと愚痴を聞いてほしいんだけど、いま話せる？」

という風に、事前に相手に確認をとってから、愚痴を始めるとかね。

あるいは、こんなルールを提案してみる手もあると思うの。

「愚痴の時間は10分までにしようね」

「愚痴の後は、明るい話題やここで望んでいることを話して締めようね」

「あなたが1時間愚痴を話したら、私の話も1時間聞いてね」

といった風にルールを決めてみるとか。

ミヒロ　それはいいかも。ルールがないと、いくら改善しようと思っても、どう改善したらいいかわからないからね。
例えばサッカーだったら、一定のルールがあるから、そのルールの中でうまくなりようがある。でも、もし手も使ってもいいし、何でもしてもいいっていう状態だと、うまくなりようがない気がするんだよ。夫婦関係も一緒だね。

WAKANA　あとはパートナーがマイナスの状態で愚痴ばかり言っていると、「この人のせいで、私まで嫌な気持ちになる」と思うかもしれないけれど、そこで**一緒に嫌な気持ちになるか、ならないかは、自分で選べる**と思うの。だから

「相手がマイナスの世界にいても、自分は影響されない！」と決めること。最初は難しくて、また影響を受けて疲れてしまうと思うんだけど、何度も意識して関わろうとすると、ちゃんとできるようになってくる。

ミヒロ　とはいえ、身近な人のエネルギーって影響を受けるよね。もしマイナスのほうに引っ張られてしまいそうになった時は、何かすべきことはある？

WAKANA　**いちばん簡単なのは、その場をちょっと離れること。**たとえば相手の愚痴が止まらなくて、悪い影響を受けそうだなと思ったら、「ちょっと飲み物取りに行ってくるね」みたいに理由をつけて、その場からいったん離れて、本来の自分に戻れるように自分を整えてみる。

ミヒロ　**自分に戻れる儀式を作っておくとか、自分に戻る言葉があってもいいよね。**

WAKANA　I am happy とか、I am OK. とかね。あとアロマやフラワーエッセンスを活用するのもおすすめ。一瞬で気分が変われるから。

私の友人が、旦那さんと喧嘩の途中で、旦那さんの口の中に落ち着く効果のあるフラワーエッセンスをポイッと入れたら、どんどん穏やかになっていって、旦那さんもよくわからないけれど怒っていたいのに怒る気がなくなったって笑っていたよ。

話が始まる前に一緒に過ごす環境を整えておくことも大切。

場をいい状態にすると、気持ちの良い場所ではあまり嫌な気分になりにくいし、リラックスすることで嫌なことがあった日でも少しは気を緩める事ができるしね。

窓を開けて風を通すだけでも変わるし、リラックスできる音楽を流してみるとかもいい。

こういった行為は、心地よくありたいという前向きな思いからするものだから、意識を自然といい気持ちのするほうに変えやすいし、それが愚痴の世界から抜け出すひとつの方法でもある。

他にも、ヨガや瞑想をしたりして、相手がどんな話題を出してきても影響されにくい、つまり、マイナスの思いや状態に同調しない自分をつくっておくのもおすすめ。

あとはね、相手が愚痴を言っていることが多い場合、相手に対してのイメージがいつも愚痴を言っている、いつも不満があるということになりやすい。

けれども、相手が笑顔で生き生きと働いていたり、リラックスして夫婦の楽しくあたたかい時間を過ごしているイメージに変えることは、根本的に夫婦の時間を良きものにするために効果的だと思うな。

ベスト・パートナー・セラピー

「夫婦の時間をどう過ごしたいか、二人で話し合ってルールを決める」

心が許せるパートナーだからこそ、愚痴を言ってわかってもらいたくなる心理は誰にでもあるものです。もし愚痴を言うことで、夫がスッキリして明るくなり、彼が元気になったら自分も嬉しい！といったように両者の想いが一致していれば、よい循環になります。

けれども夫が一方的に愚痴を言うだけで、まるで自分が大切に扱われないとしたら、気が滅入ってきてしまうでしょう。

そこで大切なのが、「夫婦で話す時間は、二人にとってどんな時間にしたいか」を話し合うこと。

夫にしてみたら、妻だから自分の愚痴を引き受けてくれるものと勝手に思い込んでいるかもしれません。

パートナーとの時間を意識的に考え直して、話し合ってみましょう。

二人の時間は、互いの愚痴を聞き合うためにあるのか。

あるいはお互い気持ちよく過ごすためにあるのか。

そのためのルールを、二人で決めることが大切です。

愚痴を言っても最後は楽しい話にする、あるいは互いの話を聞くといったように、二人だけのルールがあると守りやすいもの。

そして大事なのは、相手のネガティブな気分に引きずられないこと。
相手がマイナスな気分であるからといって、あなたまで同調することはないのです。
イヤな気持ちに引きずられず、ハッピーな自分でいることだって選べるのです。
もし引きずられそうになった時は、本来の自分にリセットできる工夫をしましょう。
深呼吸でも、アロマでも、あるいはノートに書くことでもＯＫ。
自分に戻れる、自分だけの儀式を作ってみましょう。

魔法の質問

- 夫婦で話す時間は、二人にとってどんな時間にしたいですか？
- それを実現するために、どんな会話のルールを作りますか？
- パートナーからマイナスな影響を受けそうな時、どのように本来の自分に戻りますか？

夫に遠慮し、言いたいことが言えない

何に遠慮しているのか考えよう

ケース2

小林ゆりさん（仮名、30代）

結婚して3年になりますが、夫に本音を話せないのが悩みです。本当は言いたいことがたくさんあるのに、なぜか夫には本音を言えません。夫は癒し系の妻を求めているので、弱音や泣き言を口にしたらウザがられそうで……。

夫も、表面的なことしか話してくれません。

どうしたら本音を話せるようになるんでしょうか。

Mihiro&Wakana's TALK

ミヒロ　なぜ本音で話せないのか。この方は、パートナーに対して何か遠慮しているのかもしれないね。その場合は**「自分はなぜパートナーに遠慮しているのか？」**に、**答えてみるといいね**。そうしたら、自分の中で「こんなことをしてはいけない」とか「こうするべきだ」という思い込みがあることに気づけるかもしれないよね。

例えば「結婚したら、妻は夜飲みに出かけるのは控えるべきだ」と思い込んでいて、でも本音では時々、遊びに出かけたい時もあるのに、我慢しているとか。

あるいは「妻は夫よりも稼いではいけない。夫より稼いだら夫のプライドを傷つけてしまう」と思い込んでいて、本音ではもっと仕事をしたいのに、セーブしているとか。あるいは良い妻というのは、いつもにこにこしていなければいけないと決めつけているとか。

そうやって自分の本音に足かせをはめている部分があるのかもしれないし、まず原因を自分に問いかけてみると、いいよね。

パートナーが遠慮して本当に思っていることを言ってくれないと、その相手も本音を言いにくくなる。これって夫婦関係に限らず、あらゆる人間関係にもいえるよね。本当に思っていることを語ってくれない友達って、腹を割って話せないから、全然仲良くなれない。

WAKANA　そうだよね。自分が心を開いていないと相手も心を開きにくい。癒し系の妻を望んでいるとあるけれど、旦那さんにとって癒しとはどういうことなのかを、まずは聞いてみるといいかもしれないね。

人って、自分の中で思っていることが事実であると思いがちで、自分で思っていることや不安から「相手もきっとこうだ」と決めて自分を苦しくさせてしまう。

自分で自分に対して思ったことはいいけれど、相手のことに関して思ったことは、たとえ超能力とか使えて、相手のことが手にとるようにわかったとしても、相手の言葉でなければ妄想上のことだと思ったほうが、シンプルに物事を見ることができて、楽に解決するための行動をとることができたりするから。

例えば、旦那さんに直接聞いてみたら、癒し系とは、弱音や嫌だなという感情も安心して話ができるということかもしれないし、いつもケラケラ笑い合うことかもしれない。

それは旦那さんしか答えを持っていないんだよね。

相手を想って本音を伝えたり、相手のことを純粋に興味をもって話を聞いたりすることで、相手と自分をつなぐパイプがどんどんあたたまっていく。

そして、そのパイプを通じて、自分が相手に感じることが想いとなって伝わっていく。

面白いのは、そのパイプは自分が心を開けば開くほど大きく太くなって、そこで行き来できるコミュニケーションや情報量がどんどん増えるから、心を開き合った人とはそうでない人とよりたくさん話ができるし、どんなことも受け入れ合いやすくなる。

まずは自分が相手に心を開くために何からしようか。

ミヒロ　まずは自分が何に対して遠慮しているのかを知り、相手に思っていることを伝えること。そこをクリアしないと、相手と深い関係性にはなれないってことだね。
まず自分自身に「本音で話せているか」と問いかけてみて欲しい。

WAKANA　仕事で疲れて帰ってきた時に、面倒な話になると、相手がイヤがるかもしれないと、遠慮するケースもあるかもしれないね。

相手のことを想うのは素敵なこと。だけど、我慢して言わないのは遠慮。

遠慮って遠い配慮と考えると、相手から遠くにいるということでもあると思うんだよね。

だから、遠慮を続けていくと本音で話せる近い関係になりにくくなる。なので、相手に近づく行為として、相手のことを想った上で、本音を伝えるというのがいいと思う。

「最近忙しそうだけど、お互いが元気に過ごすために、私もあなたの話を聞きたいし、私の気持ちも聞いてもらえたら嬉しい。10分でもいいからゆっくり二人で話したいな」

と伝えてみるのもいいよね。

ミヒロ　気づかった上で、自分の思いを話す。それがセットだったらいいね。

WAKANA　そして**相手にも本音で話してもらうために、どうすればより話しやすくなるか、考えてみてもいいかもしれない。**

例えば話す時に、おいしいお茶を淹れてみるとか、彼にとって興味のある話題から入っていくとか、相手が胸を開いて本音で話してもらえるよう、自分でも工夫できることは、いろいろあるからね。

ミヒロ　さらに、もし話し合えるような関係だったら、「パートナーが本音で話してくれる条件」について二人で対話できるといいね。

ベスト・パートナー・セラピー

「パートナーに対して何を遠慮しているのか、思い込みを取りはずそう」

なんでもない日常のことであれば話せても、本音の部分ではパートナーにうまく話せないという悩みを持つ方もいますよね。けれど自分が心を開かなければ、相手も心を開けないものです。もしパートナーに対して本音を言えないのであれば、パートナーに対して何を遠慮しているか、まず自分に向き合ってみましょう。

「こんなことを言ったら嫌われるかもしれない」「イヤな顔をされるんじゃないか」

そうした怖れの多くは、あなたが自分の心の中で決めつけていること。

パートナーは本音を聞いたら、本当にあなたのことを嫌いになるでしょうか。

それより距離が縮まる可能性は高いのです。

まずは、本人に気持ちを直接聞いてみましょう。またパートナーにとって、どうしたら本音が話しやすくなるのか、その方法を考えてみましょう。

男性によっては気持ちをうまく言葉にできないから口ベタである、話が苦手という人もいるでしょう。だとしたら、ノートに書いて伝えることもできます。

魔法の質問

- あなたはパートナーに本音で話していますか？
- そうでないとしたら、パートナーに対しどんな遠慮がありますか？
- パートナーに本音で話してもらうために、どう相手と関わればいいと思いますか？
- パートナーが本音で話してくれる条件は何ですか？

夫婦で話し合いたくても、夫に拒否される

相手にとっての不都合を取り除こう

ケース3

田中まきさん（仮名、40代）

夫と話し合いたいことがあるのに、話し合いを拒否されてしまいます。共働きで子育てもしているので、いつもいっぱいいっぱいです。子どものことや家のことや、いろいろと話し合いたいのに、夫は「忙しいから」「今じゃない時に」と言って避けます。

いつまでたっても話し合いにいい時がなくて、不満が溜まるばかりです。

Mihiro＆Wakana's TALK

WAKANA　まずこの方は、なぜ旦那さんと話し合いたいのかという理由を明確にすることが大事そうだね。**「話し合いたい」といいながらも、話し合うより、自分の話や感情を伝えたかった、という場合もあったりするから。**

この「わかってほしい」という感覚は誰もが持っているものだけど、特に我慢を続けてきた人ほど、ただ感じたことではなくて、怒りになっていることも多い。

そうすると、言葉では「話し合おう」といっても、そこで相手に伝わっていくのは、その時その人が持っている一番強い感情だから、怒りが伝わっていく。

となると、相手はプロテクト反応でその「話し合い」を回避しようとしてしまう。

今このご夫婦の間で起こっていることはそういうことなんじゃないかな。

なので、まず「自分の言いたいことを、ただ相手に伝えたい！」という気持ちは自分で認めた上で、「なんのために二人で話し合いをしたいと思っているのか」「二人の関わりをどのように築いていきたいか」を自分自身でクリアにして、そこにいろんな改善点があるような内容の話し合いならば尚更、いいイメージを持つことが、相手も話し合いに参加しやすい雰囲気を作り出すと思う。

ミヒロ　なるほど。パートナーと話し合う前に、自分の中で一度考えてみることは大事だね。

WAKANA　奥さんが話し合いたいのに、旦那さんはそれを避けるという時は、**旦那さんとしては、「話し合うことで、自分にとって心地よくないことが起こる」と思って避けようとしているケースが多そう。**

例えば夫婦で話し合いをすると、いつも奥さんから批判ばかりされるとか。

自分の話は否定されて聞いてもらえないとか。

ミヒロ　確かに。それだと旦那さんも怖くなって、奥さんと話し合いをすることを避けてしまうよね。

WAKANA　「相手にとっての不都合」を考えてみると、相手のことが理解できるし、そんな相手に伝えたいことを伝えるための方法が見えてくるよね。人ってすごくシンプルだから、心地よければ喜んでやると思う。

話し合いたいとか伝え合いたいという気持ちの元には、相手ともっと幸せに暮らしたいという思いがあるのではないかな。その本当に望んでいることを軸にして、自分自身で考えてみたり、相手との関わりを改めて軌道修正できたらいいね。

ベスト・パートナー・セラピー

「相手にとって不都合なポイントを減らすことが、話し合いにつながる」

パートナーと話したいと言いながら、じつは相手に自分の意見を言いたいだけ、押しつけたいだけというケースは珍しくありません。

まずパートナーと話したいのは、なぜなのか自問してみましょう。
話し合いたいことのゴールはどこにありますか?
どういう結果になるとハッピーでしょうか?

例えば「育児や家事の分担」について話し合いたい時。やってくれない相手を責める内容だったら、それは「話し合い」ではなくなります。

そして相手が話し合いを拒むとしたら、なぜ拒むのか、相手にとってのマイナスポイントを考えてみましょう。

話し合いをしたら、自分が責められる、家事を充分手伝っていない自分がいけないと反省させられるとしたら、つい先延ばしにしてしまうでしょう。

その**「相手にとって不都合なポイント」を把握していれば、それをなるべく減らすことが相手にとっての心理的なハードルを下げることになります。**

また、例えば話し合いをする時に、心地よいカフェやレストランでするのも、ひとつの手です。環境で人の気持ちは変わるもの。環境を変えてみる、整えてみることをしてみるといいですね。そして問題点をいきなり切り出すよりは、相手のことを聞いてあげるといったワンクッションがあると、スムーズに進みやすいかもしれません。

夫婦というのは生活や育児、家事、あるいは病気やケガなどの困難といった、さまざまなタスクに共に立ち向かうチームであるともいえます。

会社であれば、目標を達成するために、あるいは問題を解決するために会議を行いますよね。

それは相手を責めることではなく、よい結果に導くための話し合いです。

パートナーにとって、話し合うことにプラスを感じられたら、もっと話し合いをしやすくなるでしょう。

魔法の質問

- なぜ、あなたはパートナーと話し合いたいのですか？
- なぜ、パートナーはあなたとの話し合いを拒んでいるのでしょう？
- 話し合いで生まれる、パートナーにとっての不都合は何ですか？

一日じゅう夫婦の会話がない

相手に感謝の言葉を伝えることから

ケース4

広田れいこさん（仮名、50代）

夫と一日じゅう一緒にいても、夫婦の会話がありません。

夫は私に興味がなく、めったに話しかけてきませんし、私が話しかけても一方通行で、会話が成り立ちません。

夫婦でありながら、会話もなく、子育ても一段落した今、なんの共通項もありません。

Mihiro&Wakana's TALK

ミヒロ　この方は「夫は私に興味がない」と言っているけれど、たぶん奥さん自身も旦那さんにそこまで興味がないということはないかな？　まずは自分から旦那さんに興味を持つことも大事じゃないかな。

WAKANA　そうだね。このご夫婦は、これまで仕事や家事や子育てなどで忙しくて、夫婦としての絆を深めるということを後回しにしてしまったのかもしれない。

いくら長年一緒にいる夫婦だとしても、二人の間に心のつながりがないと、会話って成り立たないと思うんだよね。

なので、この状況でむりやり会話をしようとするのではなく、二人の心がつながりを作ることが大切なんだけど、そのつながりで最もスムーズに気持ちよくつながり合うためにするといいことは、とにかく相手に感謝の気持ちをどんどん伝えていくということ。

感謝する言葉が浮かばなくても感謝はものの見方だから、見方を変えてどんどん感謝できる方向に持っていって、それを相手に伝えていくの。

ミヒロ　例えば、どんな風に？

WAKANA　旦那さんから期待する返事がなくても、

「今日も一緒にいてくれてありがとう」

「今日も一生懸命働いてくれてありがとう」

と**今まであえて言葉にしてこなかったような感謝の言葉を、毎日一言でいいので伝える。**

そうやって奥さんに感謝されていくと、旦那さんの心も開いていくから、少しずつ心がつながっていくと思うの。

ミヒロ　たしかにそんな風に言われたら、旦那さんも嬉しい気持ちになるね。

WAKANA　奥さんも最初は照れくさいかもしれないし、「むしろ私の方が感謝してほしいわ」って思うかもしれないけど、それでもとにかくやってみる。
そういう言葉を言い続けると、自分自身にも言葉をかけているのと一緒だから、心があたたかい気持ちになって癒されていく。

そうした感謝の言葉を毎日使っていって、夫婦同士で心がつながっていったら、たくさん会話がなくても、心は通じるようになると思うのね。

たとえば、おいしいものを食べた時に
「おいしいね」
「そうだね」
という簡単なやりとりでも、気持ちを分かち合えるのって嬉しいじゃない？
そんなところから会話って生まれていくんだと思う。

ミヒロ　これまで会話がなかったわけだから、すぐに旦那さんの変化を期待するのではなく、先に大切なことに気づいた相談者さんから働きかけて、少しずつ会話ができるようになったらいいね。

WAKANA　あとね、知り合いに、「旦那さんとの会話がない」と悩んでいる女性がいたのね。

妻としての役割に徹して、長いあいだ会話のない夫婦でいたらしいの。

ところが、**その女性が趣味を見つけて毎日楽しそうにするようになったら、旦那さんが変わっていったんだって。**

ミヒロ　旦那さんは具体的にどんな風に変わったの？

WAKANA　これまで自分から話しかけてくることなんてなかったのに、旦那さんからいろんな話をするようになったり、すごく優しくなって家事を手伝ってくれるようになったりしたんだって。

だからこの方も、好きなこと、やりたいことを見つけて、毎日を楽しく過ごすことも大切だと思う。
いつも奥さんが面白くなさそうな重いエネルギーを発していたら、旦那さんも話しかけにくいからね。

ミヒロ　そうだね。ぼくもそんな奥さんが家にいたら、怖くて近づかないようにしようと、距離を置いちゃうかも（笑）

WAKANA　女性は家事や育児があって、自分のことよりも、妻として母として、家族のために生きているという方が少なくないから、そういう方は、今度は**自分自身が楽しく生きることに一生懸命になることが大事**なんじゃないかな。

ミヒロ　そうやって毎日を楽しんでいったら、旦那さんとの関係も変わってくるかもしれないね。

ベスト・パートナー・セラピー

「毎日感謝を伝えることから、心のつながりは生まれていく」

夫との会話がない。
夫が自分にまったく関心を持ってくれない。
そういう不満を持つ人も多いでしょう。

だからこそ自分から相手に関心を持ってみましょう。興味を持って接してみましょう。

パートナーに関心がなかったら、相手から関心を持たれなくなっても当然のこと。

日々の忙しさにかまけて、いつの間にか互いに関心がなくなり、会話のない関係になっているカップルはたくさんいます。

それを変えることができるのは、まず自分から。

パートナーに感謝の言葉を伝えてみてください。

はじめは照れくさくても、感謝の言葉を伝え続けることで、パートナーの心も開いてくるはず。会話のきっかけは心のつながりから生まれていくものです。

そして自分自身もぜひ好きなこと、やりたいことを見つけて、生き生きと暮らしましょう。人は楽しいエネルギーを発している人に、自然と惹きつけられます。

まず自分から楽しく暮らしていきましょう。

魔法の質問

- あなたはパートナーに興味や関心はありますか？
- パートナーへの感謝は何ですか？
- あなたが夢中になれるものは何ですか？

言い合いだすと、感情沼にハマってしまう

「事実」と「感情」を切り離そう

ケース5

高橋さとこさん（仮名、20代）

些細なことで言い合いになっているうちに、感情的になってしまうことがあります。連絡をくれないとか、何度も頼んでいることをやってくれないとか、ひとつずつは些細なことでも、それが何度も溜まると、話しているうちにブチッと切れて声を荒げたり、ワッと泣き出したりしてしまったりすることも。夫はそういうのがとても苦手です。自分でももっと穏やかになりたいのですが……。

Mihiro&Wakana's TALK

WAKANA　感情的になりやすい人は、事実と感情がセットになっているということに気づくと楽になれることがあるよね。

ミヒロ　事実と感情がセットって、どういうこと？

WAKANA　例えば友達とすれ違ったけど、その子が挨拶をしなかった時に、「挨拶もしないなんて、なんて失礼なんだ！」と怒った人がいるとするよね。でも、その友達はただ気づいていないだけだったりするかもしれない。
　こんな風に、「ただ挨拶しなかった」という事実に対して、「私のことが嫌いなの？　ひどい!!」という感情を紐づけて受け取ってしまう人もいるの。

ミヒロ　そういう人は、どうすればいいの？

WAKANA　事実と感情を分けること。事実をしっかり確認した上で、

「それに対して自分はどう感じたのか」を考える。そして、

「自分が本当に望んでいることは何か」

「その望んでいることを実現させるために、どのような行動をするのか」

と自分を主語にして考えることが大事な気がする。

やっぱり自分を主語にして考えないと、結局「なんでこんなこともできないんだ、相手が悪い、相手のせいで……」というところで止まって、ずっと同じ場所でぐるぐるすることになってしまうから。

ミヒロ　じゃあ、例えば「彼氏が帰ってくるのが遅い。私のこと、大切にしてくれていないのかしら」と事実と感情をくっつけて、モヤモヤしている女性がいたとしたら……。という例で、考えてみようか。

1・起きている事実は何ですか？

↓彼氏が帰ってこない。一人で夜遅くまで待っている。

2・その事実に対して、どんな風に感じていますか？

↓寂しい。

3・あなたが本当に望んでいることは何ですか？

↓もっと一緒に過ごしたい。

4・その望んでいることを実現するために、どのような行動をしますか？

↓もっと一緒に過ごせるようになるために、二人で話し合う。

↓彼が一緒に過ごしたくなるように、心地いい環境を作る。笑顔でいる。

WAKANA　このプロセスを自分の中で消化するだけで、悶々とした気持ちが楽になって、パートナーと感情的なコミュニケーションになることは少なくなりそうだよね。

言ったことをやらない、やれないという事実には、必ず何かしらの理由があるんだよね。
そこを知らないとずっとイライラしちゃう。

感情的になるとき、感情に自分の心がのっとられて、コントロールできないほどに自分が感じた感情の世界にどっぷり入って、そこで起きていることのすべてを自分の主観で判断してしまっているんじゃないかな。

そこから抜け出すには、なぜ相手はできなかったのか、を理解しようと相手に話を聴くことや、「事実」と「感情」を分けて物事を見ていって、本当に自分が望んでいる状態にするためにどう関わるのがいいか、どうすればいいかを一つひとつ考えていく。

これは相手のためにもなるけど、結局自分が望む状態になるためにやることなんだよ。

何度もやっていると、どんどん楽に自然にできるようになっていくよね。

「事実と感情を切り離すことで、感情的になるのを抑えられる」

感情が豊かなのは良いことですが、相手にネガティブな感情をぶつけてしまうのは考えもの。

パートナーにしてみたら、よくわからないところで、いきなり感情のスイッチが入って、ヒステリックに叫ばれたり、泣かれたりしたら、どうしていいかわからなくて混乱してしまうでしょう。

それを避けるには「感情を抑える」のではなくて、「事実」と「感情」を切り離す作業をしてみることです。

例えば夫が遅くなることを連絡しないで夕飯がムダになる。

あるいは自分が風邪を引いているのに何もしてくれなかった。

家事を手伝わないで、ゲームをしている。

これらは、なにも「あなたをないがしろにしているから」だとは限りません。

・起きている「事実」を確認する。
・その事実に対して、どう感じているか考えてみる。
・本当に望んでいることを考えてみる。
・その望んでいることを実現するために、どう行動するか。

この4つを考えていく作業をすることで、だんだん事実と感情を切り離していく思考法が鍛えられます。

感情を切り離して考えるクセをつけていくと、自分にとっても楽であり、パートナーとのよりよいコミュニケーションにつながるはずです。

魔法の質問

- 起きている事実は何ですか？
- その事実に対して、どんな風に感じていますか？
- あなたが本当に望んでいることは何ですか？
- その望んでいることを実現するために、
どのような行動をしますか？

夫の仕事が不振なときには

相手は自分の力で這い上がれると信頼しよう

ケース6

神田ちずさん（仮名、50代後半）

事業の資金繰りがうまくいかないらしく、夫がいつも「お金がない」と落ち込んでいます。

助けてあげたい気持ちはあるけれど、妻として夫に対してどう関わっていけばいいかわかりません。何をしてあげたら、いいのでしょうか。

Mihiro&Wakana's TALK

WAKANA　ミヒロも経営者として資金繰りが大変だったり、悩んだりする気持ちがわかると思うのね。そういう時って、どんな心理状態なの？

ミヒロ　心に余裕がない状態かな。

WAKANA　そういう時に、本当はどんな感じになりたいなと思う？

ミヒロ　心に余裕がある状態になりたい。

WAKANA　だとしたら、たとえばまわりに関わる人達には、どんな関わりをしてもらうと、楽になれる感じがする？

ミヒロ　気にかけて欲しい。

WAKANA　どのように気にかけて欲しい？

ミヒロ　同じ立場に立つって感じかな。

WAKANA　今ミヒロが言ったことがまさに答えで、相談者さんのパートナーは、いま絶望の世界にどっぷり浸かってしまっているのだろうね。

そんな時に妻としてどう旦那さんに関わるべきかというと、旦那さんをその絶望の世界から抜け出すお手伝いをして、彼が望んでいる状態の世界に連れ出すことだと思うの。

そのためにも、まずやらなければならないのは

「彼は今、何に対してもっとも不安に思っているのか」

「彼は今、どんな状況なのか」

を知ること。彼と同じ立場に立って、理解してあげるのね。

この「同じ立場に立つ」というのは、**一緒に落ち込んで絶望の世界に行くことじゃなくて、彼が何に悩んでいてどういう状態かをきちんと把握する**ということ。

そうすることで、旦那さんの気持ちを本当の意味で理解することができるから。

同じ立場に立つっていうことが、すごく大事。

それだけでも旦那さんはだいぶ気持ちが楽になると思うんだよね。自分だけが抱えていたものを、パートナーと分かち合えるわけだから。

パートナーの状況を理解できたら、**次にすべきことは、旦那さんが本当に望んでいる状態の世界に連れ戻してあげること。**

ミヒロ　どうやって相手が望んでいる状態の世界に連れ戻すの？

WAKANA　これは通常であれば、ひとりでできることなんだけど、大変な渦の中にいる時って、ひとりでその大変な渦を抜け出すのって難しい。だから、「どんな状態になったらいいと思う？」

「どんな状態だったら、もっと楽になれると思う？」

と**パートナー自身が望んでいる状態が何なのか、自ら気づかせるような質問をしていくの。**

そうしていくと、本人が自分で解決策を見つけて這い上がりやすくなると思う。

ミヒロ　でもなかには、奥さんがどんな質問を投げかけても、どんな言葉をかけても愚痴しか返ってこなかったり、負のループにハマったりして、なかなか抜け出せない人もいるかもしれないよね。

WAKANA　そういう時は、「それは大変だね」と相手の気持ちに共感した上で、こんな質問をしてみるのもいいかもしれない。

「あなたは今、負のループの世界にいるけれど、このままずっとその世界にいたい？　それとも、そこから抜け出して、もっとスッキリした世界に行きたい？」

と聞いてみるの。やる気に変わるまで、時間も必要だと思うから「どれくらいの期間、あなたは落ち込んでいたい？」と聞くのもありだと思う。なんだかんだいっても、大変な状態にいた方が楽だと、本人が感じている場合もあるからね。

相手が客観的に、「自分は今どういう状態にいるのか」を自覚できるような質問をしてあげるのがいいと思う。

ミヒロ　もしパートナーが本当に悩みに悩んでしまって、そこまで自分のことを客観視できるほど余裕がない場合はどうする？

WAKANA　その場合も、もしかしたら、本人は無意識にもうちょっと絶望の世界にいたいのかもしれない。

まだ悩んでいる状態にいたいんだよね。

大変なときに自分が本当に望む状態に行こうとすることって、とてもエネルギーが必要だから。

これは私自身も気をつけていることなんだけど、相手がまだ負のループにいたいようだったら、

「相手を無理にいい状態にしない」

ということは大事だと思う。

相手のタイミングを待ってあげるのも、優しさなの。

もちろんパートナーが苦しんでいる姿を見るのは嫌だし、早く助け出してあげたいという想いもある。

でも本人だけしか解決できないこともあるし、逆にある程度不安定になった方が、お尻に火がつくこともある。前を向くための踏み台になることもあるの。

底の底まで落ちた時に、

「もうこのままじゃダメだ！　何とかしなくちゃ！」

と本気で思って、初めて自分から動き出せることもあるから。

もしかしたら、このご相談者さんの旦那さんはあと2〜3ヶ月ぐらい悩んだら、自ら前を向き始めるかもしれない。人によって前を向けるタイミングってあるから、その時期が来るまで、見守って、待ってあげることが解決の近道になることもある。

ミヒロ　なるほど。じゃあ、その間パートナーとしてすべきことはあるかな？

WAKANA　**大切なのは「自分をいい状態にしておく」ことかな。毎日を楽しむの。**

ミヒロ　たとえば絵を描くことが好きだったら、旦那さんが悩んでいても、楽しそうに絵を描いていてもいいってこと？

WAKANA　そう。むしろ楽しく好きなことをしていないといけない。
だって相手と一緒に落ち込んでしまったら、彼が望んでいる世界に引っ張っていけないでしょう。

相手が本当に望んでいる世界に引っ張っていくためには、自分自身が望んでいる世界に居続けないといけない。望んでいる世界に居続けるということは、望んでいる状態での考え方、捉え方を選び続けることや、そういう気分でいるための行動をすること。

だからこそ、自分が喜ぶことを続けないといけないし、波動を落とさないような過ごし方をする必要がある。自分自身をいかに高い状態に保つかっていうのがすごく大事。

そして、パートナーがどんなに愚痴を言ったとしても、愚痴を愚痴として受け取らないこと。

「この愚痴は、相手が前を向いて進んでいくために必要なステップなのかもしれないな」と思って、自分は影響されないようにするの。

ミヒロ　そうか。自分を高い状態に保ちながら、パートナーが這い上がるタイミングを待つんだね。

WAKANA　そう。「彼は自分自身で這い上がることができる」と相手を信頼すること。

さらに、それをパートナーに伝えてあげるといい。

「あなたは、自分でちゃんとそこから這い上がってベストな道を見つけ出せるってことを私は知っているよ。だから、今どれだけ落ち込んでいても大丈夫。どんなときもそばにいるからね」って。

ミヒロ　こんなことをパートナーに言われたら、男性は嬉しいと思う。

WAKANA　この「パートナーを信頼する」ということは、パートナーのためにもいいけれど、実は自分のためにもいいのよ。自分自身の気持ちが楽になるの。

だって、「彼は自分ひとりでは何もできない。私がなんとかしないと！」と思うと、しんどいでしょう。だからその逆をする。

「相手は立ち直る力があるから大丈夫」と信頼して、それを相手に伝える方が、自分も楽。だから自分のためにも、そうやるの。

ベスト・パートナー・セラピー

「同じ立場に立つこと。そして相手のタイミングを待とう」

仕事のことで悩んだり、不遇な目に合ったりして、パートナーが失意のどん底に落ち込んでしまっている。

結婚生活をしていれば、そういう低迷期も当然あることです。

そんな時にパートナーとして、できることはあるのでしょうか。

まず大切にしたいのが、同じ立場に立ってみること。

パートナーが何に悩んでいて、どういう状況になっているのかを知ることです。

同じ立場になるのは、一緒に絶望したり、自分もネガティブになったり、同情するということではありません。

あなたがパニックになったり、落ち込んだりしてしまったら、かえって相手を落ち込みの世界に留めさせることになってしまうこともあるかもしれないからです。

パートナーによっては、家族をパニックにさせたくないために、現在の状況を正直に言わないで黙っている人もいるかもしれません。

あなた自身が不安になったり、パニックになったりすることなく、
「パートナーは、何に対してもっとも不安に思っているのか」
「実際はどんな状況なのか」
ということを聞いてみましょう。
パートナーに状況をシェアしてもらうのです。

そこで「こうしたらいいんじゃないの」「ああしたらいいんじゃないの」といったように、アドバイスする必要はありません。

それよりも、

「どんな状態だったら、もっと楽になれると思う？」
と尋ねて、パートナー自身に答えを見つけてもらいましょう。

パートナーが落ち込んでいると、ついこちらまで暗い気持ちになるかもしれません。
でも一緒になって、ネガティブな方向には引きずられないこと。

むしろ自分は好きなことをやり、自分をよい状態に保っているほうが大事です。
そのほうがパートナーにとっても、元の自分に戻るきっかけがつかみやすいでしょう。

そして立ち直るためには、その人のタイミングも大切。
何かに気づく必要があって落ち込むことが起こっていることがあるからです。

絶望している状態の人を無理やりに立ち直らせるのではなくて、本人に立ち直る力があると信頼して、「あなたの立ち直る力を信頼していること」「いざとなったら一緒に乗り越えよう」ということを、パートナーに伝えましょう。

魔法の質問

パートナーに聞く質問

- 今、最も不安に思っていることは何ですか？
- 今、どんな状況ですか？
- 望んでいる状態は何ですか？

自分に聞く質問

- いついい状態になってもらうのが、相手にとってベストですか？
- 自分を整えるために、何をしますか？
- 相手を信頼するために、何ができますか？

第2章

夫婦喧嘩しがちなあなたへ

- 夫が短気ですぐ怒る
- 理詰めで責められる
- 言葉の使い方がお互い違う
- 言った、言わないのループになる
- 何度言っても部屋を散らかす
- あまりに価値観が違う

相手をよく観察し、いったん認めてから、
問題を切り分けてみましょう

夫が短気ですぐ怒る

相手の怒りポイントを知ろう

ケース7

佐々木けいこさん（仮名、20代）

夫が短気ですぐに怒ります。
普段は優しいんですが、いったん地雷を踏んだら大噴火。
なかなか収まらないし、本気で怒るので、私としては辛いです。
もっと家族みんなで穏やかに暮らしたいのに……。

Mihiro&Wakana's TALK

ミヒロ　この方の旦那さんは、なぜそんなに怒るんだろう。
きっと怒りのポイントがあるだろうから、まずはそこを知ることだよね。

WAKANA　そうだね。旦那さんを観察していくとそのポイントがわかると思う。

怒っている時の本人はやみくもに怒り狂っている感じだろうから、むしろ奥さんのほうが客観的に観察できるんじゃないかな。

例えば「時間に関することで、よく怒る」とか「お金に関することで、よく怒る」とか。

怒りの原因がわからないと、どうすればいいかの解決方法が見えない。

見えない状態だと今までのように怒りに巻き込まれ、心も萎縮して苦しいからね。

この機会にパートナーの地雷ポイントを観察してみるのはいいと思う。

ミヒロ　あとは、よく怒るシチュエーションも観察してみるといいかもしれないね。忙しい時に話しかけると怒るとか、寝る前に大事な話をすると怒るとか、朝は眠くて不機嫌なことが多いとか。

パートナーが怒りがちな、テーマ、時間帯、状況、環境を分析してみる。

WAKANA　それができたら、その問題を自分ひとりで解決できるものなのか、できないものか分けてみることね。

例えば、「何かに集中している時に話をすると怒る」に関しては、自分が気をつければ済むことだと発見できる。

ミヒロ　でも、もし自分ひとりで解決できないことだったら、どうすればいいだろう？

WAKANA　まずは、もしできるなら「二人でどんな風に暮らしたいかを話し合う」ことから試してみてほしい。

お互いがどう思っていてどんなことを家族との時間に望んでいるのかをクリアにするこ

とで、無意識にとっている家族への関わりや行動を意識化できる。

私の知り合いで、旦那さんが短気で困っているという女性がいたのね。

その旦那さんはお金の管理をきっちりしたいタイプで、奥さんに「家計簿をつけてほしい」と言っていたんだって。

でも奥さんは、お金の細かい管理がとっても苦手で、家計簿を続けられなかった。

「なんで約束したことができないんだ！」

と、いつも旦那さんが怒っていたみたいなの。

奥さんが、「私はあなたと穏やかに暮らしたい！」と伝えたところ、旦那さんも「僕だって怒りたくて怒っているわけじゃない。僕も穏やかに暮らしたいんだ」と言ったそうなの。

そこで奥さんひとりでは解決できない「家計簿が苦手」という問題について、二人で話し合い、ＩＴに強い旦那さんが、支出を管理できるスマホのアプリを見つけてきたのだそう。

それを使うことによって、奥さんが家計簿をつけなくてもいいようにしたみたい。

ミヒロ　今の話を聞いて思ったんだけど、「二人でどんな風に暮らしたいか」ということを話し合うのもすごく大事だけど、**お互いに相手の「得意なこと、苦手なこと」を知るのもとっても大事かもしれないね。**

WAKANA　そうだね。相手の苦手なことがわからないと「なんで、そんなこともできないの？」とイライラしてしまうし、ただ苦手なだけでしないことに対して、私のことを大切にしていないからだ、と思ってしまったりすることもあるかもしれない。

逆に、得意なことがわかっていたら困った時に、気兼ねなく助けてもらうこともできるし、自然と感謝もできるから相手も気持ちがいい。相手の得意なこと、苦手なことを理解することは、お互いを受け入れ、助け合うために、とっても大切な要素だね。

それから、「怒り」は幾つかの感情を動かす要素が揃ったときに「怒るという行為」になると思うんだよ。だから、**怒るという状況が生まれる前に、相手を普段から観察して、少しピリピリしてきたなということを感じたら、相手がリラックスすることをあえてさせてあげる状態をこちらからつくってあげる。**

例えば、ミヒロが少し疲れが溜まってきた感じになってきたり、見た目は元気そうだけどかなりハードな仕事が続いていたりするとき、「大好きな海（ない時は温泉とか）に行っておいで」って言うことがよくあるでしょ。

海に行った後は大体すっきりして帰ってきて、とてもいい状態で一緒に暮らすことができる。

それが私にわからなかった時は、そのまま一生懸命がんばりすぎて疲れてしまってイライラする、またはエネルギーが下がって体調を崩すということがあったよね。

自分では自分のことはわからないことも多いから、パートナーが思いやりをもって観察してあげると、相手も、何より自分も楽になるということがわかったのよね。

ミヒロ　これは、夫婦関係だけでなく、いろんなことで言えるよね。

例えば仕事のチームで、メンバーの得意なこと苦手なことを知っていたら「Aさんは経理が苦手だけど、お客さんとのコミュニケーションが得意だから、外回りの営業を担当してもらおう」とか「Bさんは経理が得意だから、経理が苦手なAさんの代わりにやってもらおう」と判断できる。

でもそれを知らずに、Aさんに無理やり経理をお願いし続けたら成果も出ないし、人間関係もギクシャクしちゃうよね。

ベスト・パートナー・セラピー

「パートナーの〝怒りポイント〟を分析して、自分だけで解決できることか、二人で解決することかを判断する」

パートナーが短気で怒りっぽくて困る、という悩みはとても多いのではないでしょうか。

「いつも怒っているから、もう諦めている」「すぐ怒る夫に疲れた」

という悩みはよく聞くものです。

相手の怒りというネガティブな感情を浴びせられるのは、辛いですよね。

そこから抜け出すために、まずして欲しいのが、パートナーの怒りのスイッチが入るポイントはどこにあるのか観察してみること。

いつ、どんなことで、どんな環境で、怒りのスイッチが入りやすいのか。

例えば子どもの教育のこと、家のなかのこと、家計や実家のこと、話しかけるタイミングなど。観察してポイントを見つけてみましょう。

そしてその傾向がわかった時に、はたしてそれは自分だけで解決できることなのか。あるいは自分ひとりではできないことなのか探る必要があります。

例えば、「家のなかが整理整頓できていない」「ムダな買い物をしている」といったことでパートナーが怒りやすいとしたら、自分が努力することで改善できるところもあるでしょう。

けれども仕事やお子さんがいるために、パートナーが理想とするほど整理整頓できないとしたら、その要求自体が現実に合ってないのかもしれません。パートナーも含めて、家事の分担を見直したり、家事のあり方を見直したりする必要があります。

例えば家事を分担するとか、掃除をアウトソーシングするとか、モノを断捨離して置かないようにするとか。

二人がどう暮らしていきたいのか。

そして互いに何が得意で、不得意であるのか。ぜひ話し合ってみましょう。

また、相手も自分も心地よい状態で暮らすために相手を観察して、皆が心地よくあるために自分に無理なくできることを探してみましょう。

魔法の質問

- パートナーが怒る要因は何ですか？
- 二人でどのように暮らしていきたいですか？
- 自分ひとりで解決できること、できないことは何ですか？
- それぞれの得意なこと、苦手なことは何ですか？
- パートナーの苦手なことを受け入れていますか？
- 怒りの要因を二人でどう解決しますか？

問い詰められて、反論の余地を奪われる

互いに相手を否定しない話し方を決める

ケース 8

佐藤まゆみさん（仮名、30代）

夫は論理的に物事を考えて、私が何気なく言うことでも「根拠は？」「結論は？」と問い詰めてくるタイプ。口喧嘩をすると理詰めで責められ、最後には私はやりこめられて何も言えなくなってしまいます。

不満なのに、うまく反論できない。モヤモヤが溜まります。

Mihiro&Wakana's TALK

WAKANA　この奥さんは、旦那さんにただ受け入れてもらいたい、もしくは共感してほしいのに、それができなくて萎縮してモヤモヤしてしまって、本当に言いたいことが言えずに、分かり合える話し合いができないんだろうね。

ミヒロ　そうだね。それだと本当の解決策は生まれないから、お互いが心地よい状態で話し合いをするために、ルールを作ったらいいと思う。

例えば「パートナーの話を最初から否定しない。まずは相手の話を受け止めてから、アドバイスする」とかね。

WAKANA　さらに言うと、この旦那さんはとても理論的だから、ルールを作る目的についても、ちゃんと説明してあげた方がいいかもしれないね。

また、話をするときも、何気ない話し合いがしたいときは、「二人でつながる時間をとりたいから話そう」とかワンクッション入れてみる。話したい目的が相手にとって明確であれば、受け入れやすくなると思うな。

ミヒロ　そうだね。例えば「私はあなたとこんなパートナーシップを築いていきたい。そのために、お互いが心地よく話し合いをしたいので、こんなルールを作りたいの」といった提案がよさそうだね。

WAKANA　まずは二人でどんなパートナーシップを築いていきたいか、相手とどんな対話をしたくて、どんな時間を共有したいのかを自分自身で自覚してみる。

その後だと、相手と話をするのも自分が望む道筋ができているから話しやすい。

その上で話し合いのルールを作っていったら、心地よく話し合いができそうだね。

それと、相手を外国人だと思うといいかも！　外国人だったら、はっきり物事や意見を言わないと話が進まないし、その相手の言語で伝えないと伝わらない。

パートナーは自分にとっては外国人のような存在で「違って当たり前」と思うことで、相手にどうしたら伝わるのか、自分の言いたいことや伝えたいことが理解してもらえるか、改めて考えること。これは、すべての良好な人間関係にとっても大切なんじゃないかな。

ミヒロ　あとは、**自分と相手を切り離すということを、お互いにやらないとダメだよね。**相手を自分の一部みたいに考えてしまうと、「自分にとっての当たり前」を、「相手にとっても当たり前」だと勘違いして、「普通こうでしょ！」とか「なんで、そんなことするの？」と批判してしまうから。

友人や仕事仲間など、ちょっと距離がある人には言わないような言葉を、パートナーには言ってしまいがち。

だから、自分とパートナーを切り離すことを、お互いにしていかないといけないね。

ベスト・パートナー・セラピー

「相手は自分とは違うもの。どちらが正しいではなくて、相手を否定しない話し方のルー

ル を決める」

世の中には、なんでも理詰めで話す人がいます。

正論をふりかざす、相手を理詰めで追い詰める、白黒をはっきりさせたがる、なんにでも「根拠」を求める。

そんなパートナーに疲れるという悩みは珍しくありません。

理詰めに話す人というのは、プライドが高いのかもしれません。

自分が「賢い」と思っているから、自分と異なる意見を絶対に認めたくない。

自分の主張が正しいことをロジカルに証明したいのかもしれません。

かといって、あなたにしてもそんな相手を言い負かしたいのではなくて、その心の奥にあるのは、相手に認められたいという思いではないでしょうか。

だとしたら、まずその思いを素直に伝えてみましょう。

「私は二人が互いに尊重するような関係でいたい」

「あなたから言い負かされると、いつも自分を否定されているようで悲しくなる。私の意見が正しいかどうかは別として、話を最後まで聞いて欲しい」

と提案してみてはどうでしょうか。


正しいか間違っているかという理屈ではなく、あなたにとっては自分を否定せずに受けいれてくれることが、とても「大事で安心すること」だと伝えてみましょう。

そして二人で話し合って、

「相手の意見をジャッジしないで、最後まで聞く」

「相手を否定しない」

といったルールを定めていけたら、互いにとってより生産的な話し合いになるかもしれません。


そして夫婦とはいえ、自分にとって「当たり前」のことが、相手にとっては必ずしも当然ではないという考え方をすること。

パートナーの意見が違っていても、こういう考え方もあるのだと受けとめればいいこと。

意見が違うからといって、自分がまるごと否定されているわけではなく、また自分を卑下する必要はないのです。

魔法の質問

- 二人でどんなパートナーシップを築いていきたいですか？
- 心地よく話し合うために、どんなルールを作りますか？
- 自分とパートナーを切り離せていますか？

言葉の使い方が違い、誤解やイラつきの元に

言葉の定義をすり合わせよう

ケース9

市川かおるさん（仮名、30代後半）

言葉の使い方がお互い違うため、些細なことで、誤解やイラつきが生まれてしまいます。

夫は言葉を文字通りとらえるところがあって、たとえば行き先でケンカをした時に「もういいよ、ひとりで行けば」というと、「じゃあ、行って来る」と車で行って置いてきぼりにされたこともあります。

あるいは「太ったね」と平気で口にするので不快なのですが、夫は「事実を言っただけ」と気にしません。

反対に私がなにげなく「どっちでもいい」と口にすると、「それではわからない」とイラつくし、夫が選んだことに満足しないと「どっちでもいいと言ったのにウソをついた」と怒ることもあります。

つまらないことから口ゲンカになることもあって、なんとかしたいです。

Mihiro & Wakana's TALK

ミヒロ　言葉の定義って一人ひとり違うから、こういうことってよくあるよね。

WAKANA　これは実際にあった話なんだけど、東北の会社で、関西出身の人がマネージャーに採用されたらしいのね。東北の人は関西弁に慣れていないから、そのマネージャーに関西弁でまくしたてられたりすると、怒られているという風に受け取ってしまって、泣いてしまう女性社員がいたの。

例えば関西の人って「アホ」って言うじゃない？　関西の人にとっては、きっと親しみを込めた言葉なんだけど、東北の人には批判の言葉に受け取られてしまうのよね。

ミヒロ　ぼくも東北出身だからわかるけど、関西人の考える「アホ」の意味を知らなかったら、ショックを受けるよなあ。

WAKANA　そうなの。東北の人は、そんなことあまり言わないからね。

こんな風に、**育った環境によって、これまで関わってきた人によって、言葉の定義が変わってくるから、夫婦間でも言葉のすり合わせは必要**だと思うの。だから、「その言葉を聞くと、私はこんな気持ちになるんだけど、あなたはどういう意図でその言葉を使っているの？」というように、二人が穏やかな時に話し合ってみるのはいいと思う。

ミヒロ　ぼくたちも付き合い始めのころ、お互いの言葉の定義が違って、びっくりしたことあるよね。

WAKANA　そう。やっぱり私たちは感じ方も違うし、生きているスピードが違うから、例えば「ゆっくり」という言葉ひとつとっても、お互いの認識が違うんだよね。私にとって「二人でゆっくりする」というのは、数日間ゆっくりするという意味なんだけど……。

ミヒロ　ぼくにとっては、10分ぐらい休んだら「ゆっくり」なんだよね。

WAKANA　だから、「ゆっくりしようよ」と言っても10分ぐらい休んだらまた動き出しちゃうから、「ちょっと！ゆっくりしようって言ったじゃない！」ってことになる（笑）

ミヒロ　些細なことでも、こうやってすれ違いが起こるものだから、ちょっとでも違和感を感じたら、言葉の定義について話し合うことが大事だね。

WAKANA　あとはね、些細なことで口喧嘩になったり、何気ない言葉で雰囲気がギスギスするときは、そうなる少し前から心のギスギスが始まっているんだよ。だから、なるべく日ごろからどれだけ穏やかな二人の関わり合いをするか、ということが鍵になる。

私たちも日ごろから穏やかで良好な関わり合いを大切にしていても、状況によってはギスギス感が生まれることもあるわけだけど、そういうときにするといいのは、相手がしてくれていることに感謝の言葉を伝えること。

ミヒロ　確かに、それは大事だね。でも例えば、どんな風に?

WAKANA　「運転してくれてありがとね」とか、なにか取ってくれたときに「ありがとう」とか。心がむすっとしている時こそ、あえて言うようにすると自分の心も解けるし、相手も緩むから、言い合いになったりする前に回避できる。

「互いの言葉が違っているのは当然。だからこそ言葉の定義をすり合わせよう」

育った環境も、バックグラウンドも違うのだから、夫婦であっても言葉の意味が違うのは当たり前のこと。

それだけに夫婦ですり合わせる必要があります。

たとえば女友達同士では「太った」「老けて見える」といった言葉は使いませんが、男性だと遠慮のいらない相手だからとポロリと言っている可能性もあります。

だとしたら、それは相手にきちんと「言われたら傷つく言葉」として伝えたほうがいいでしょう。

言葉使いは個人によってかなり違うもの。

言葉を文字通り受け取ってニュアンスを汲みとらない人もいるし、反対になんでも曖昧に話す人もいます。

関西で育てば当たり前の言い回しであっても、関東で育った人には違和感を感じることもあるでしょう。

だからこそ言葉の意味を、すり合わせることから始めてみましょう。

魔法の質問

- 二人にとって、その言葉の意味は何ですか？
- 二人の関係性を普段からよくするために
できることは何ですか？

言った、言わない、で喧嘩になる

本当にしたいことは何？

ケース10

平野まいさん（仮名、50代）

くだらないことなんですが、よく「言った」「言わない」で、夫と口喧嘩をしてしまいます。

こんな生産性のない喧嘩をすると、本当に疲れるのでやめたいのですが、しょっちゅうそのパターンに陥ってしまいます。

解決策はありますでしょうか？

Mihiro&Wakana's TALK

WAKANA　これはよく聞く話だよね。なぜ言った、言わないで喧嘩するのかというと、自分の正しさを相手に認めてほしいから起こるんだと思う。

「私はあなたに××と言ったよね」

「そんなこと、聞いてない！」

「たしかに言った。忘れているだけでしょ」

そうやって自分の正しさを証明したいの。プライドがそうさせているの。

ミヒロ　でも、そのプライドのために喧嘩するのって疲れるよね。

WAKANA　そう。別にどちらが正しいかを言い争って、勝ち負けを決めたいわけじゃないと思うので、「そもそも何がしたいんだっけ？」と改めて立ち止まることが大切だよね。

「邪魔しているプライドは何なのか？」
「本当にしたいことをするために、自分はどんな関わり方をすればいいのか？」
というのも合わせて考えられたらいいね。

ミヒロ　じゃあ、例えば旅行をしていて、ホテルの予約が取れてなくて、喧嘩をするカップルがいたとしたら、という例で考えてみようか。
妻　あなたが予約するって言っていたじゃない！
夫　そんなこと言ってないよ。
妻　何言ってるのよ。私が「ホテル予約しておいてね」って言ったら、あなた「うん、わかった」って言っていたじゃない！
夫　しつこいなあ。そんなこと言ってないから！

この場合**「今、本当にしたいこと」は何かというと、どちらが正しくて、どちらが間違っているかという犯人探しではないよね。**

1・今、本当にしたいことは何ですか？
↓今日泊まれる、快適な宿を予約すること。

2・邪魔しているプライドは何ですか？
↓私は間違っていない。パートナーが悪い。

3・1を実現するために、どんな関わり方をしますか？
↓宿が取れていなかったということは、他にもっといい宿に出会えるかもしれないと発想を切り替え、二人で協力して宿を探す。

こんな風に二人で話し合えたらいいね。

ベスト・パートナー・セラピー

「自分の正しさを証明したいとプライドを守るのではなく、本来の目的を考えよう」

「言った」「言わない」の話は、例えば「洋服をどこに置いた」「車を修理に出す」「洗剤を買い足す」など、ごく些細な日常生活で起こりがちです。

家庭内のスケジュールやＴＯＤＯリストを共有して、書き込まない限りは相手に伝えていないことにするルールを作るのも、ひとつの手でしょう。


そしてなにより「言った」「言わない」という会話を長引かせるのは「自分が正しい」と証明したいプライドのせい。

でも本来の目的は、自分が正しいことを証明することではありません。

目的に達することのほうが大事ですよね。


もしこのような会話が始まったら、まず立ち止まってみましょう。

最初に何をしたかったのか、その目的を思い出してください。

そしてその目的のために、何をしたらいいかを自問してみましょう。

魔法の質問

- 言った、言わないになった時、そもそも本当にしたいことは何ですか？
- それを邪魔しているプライドは何ですか？
- 理想の会話をするために、自分はどんな言い方をすればいいですか？
- 本当にしたいことを実現するためには、何をすればいいですか？

何度言っても改善しない！部屋を散らかす夫

理由を観察して、メリットを翻訳して伝えよう

ケース11

近藤あいさん（仮名、30代）

うちの夫はまるっきり片づけができません。
服は脱ぎっぱなし、靴下は丸めて置いておくだけ。使ったものも放りっぱなし。
何度「片づけて」と言っても、片づけてくれないんです。
私は整理整頓された、きれいな家に住みたいのに。
夫を変える方法はあるでしょうか。

Mihiro & Wakana's TALK

ミヒロ　ぼくは片づけが苦手なので、このご相談を受けてドキっとしました（笑）

WAKANA　そうなの。昔のミヒロは家でもホテルでも、脱いだ服を置きっぱなしにする人だった。でも、最近は少しは自分で片づけるようになったよね。服を畳んで1箇所にまとめて置いてくれるようになったし、ベッドメイキングもしてくれるようになった。

ミヒロ　もともと片づけ力ゼロだったぼくが、そこまで成長したって我ながらすごいなあ。でも、どうしてぼくは片づけるようになったんだろう？

WAKANA　「なぜ片づけをしないのか」を、私が理解したからだと思う。

もともと私は、空間が整っていないと全然リラックスできないタイプなので、最初は、なぜ片づけないのか不思議で、「なんでここに置きっぱなしにするの？」って言っていたと思う。

でも、ある時から、**なぜ片づけないのか理由を観察**していたら、脱いだ服を片づける場所を知らないということに気づいて、収納場所を伝えるということをしてみたの。

やっぱり、家の中って女性が管理していることが多いから、男性って片づける場所がわかっていないケースが多いじゃない？

だから「脱いだ服はこの洗濯カゴに入れるんだよ」とか、「畳んだ服はここに置いてね」とか。

一つひとつ伝えていったら、理解して、洗濯物は洗濯カゴに入れるようになったし、服を畳んで1箇所にまとめてくれるようになったんだと思う。

ミヒロ そう！「やり方」を教えてくれたから、ぼくもできるようになった。
一方、ベッドメイキングは、WAKANAがなぜベッドメイキングをしているのか理由を説明してくれたんだよね。これまで「ベッドを整えて」って言われても、「なんで整えるの？　また寝たら、どうせグシャグシャになるのに」って思っていたんだよね。

でも「寝る場所って神聖な場所だから、そこを整えることが英気を養うことにつながるんだよ」とか「毎朝ベッドメイキングすることで、自分も整うから、ある意味、瞑想効果があるし、今日1日を整えられるんだよ」ということを、何度も伝えてくれたから、自分の中でベッドメイキングの大切さを知ったんだよね。

WAKANA　ミヒロの中で**「目的と意図」を理解した**のね。

ご相談者さんの旦那さんも、彼なりにきっと片づけられない理由があると思うんだよ。

そして片づける意義が、まだ腑に落ちていないのかもしれない。例えば、片づけ方がわからないとか、仕事で疲れていて部屋を片づけるエネルギーが残っていないとか。

そもそも今まで片づけの習慣がなくて、片づけることのメリットを理解していないとか。

ミヒロ　そうだね。この機会に、**なぜ相手が片づけられないのかという理由を、観察して分析してみるといい**かもしれないね。

WAKANA　そして、その上で「どういう伝え方をしたら、この人は片づけたくなるか」を考えて伝えるといいかもしれないね。

伝える際は、相手が大切にしたい価値観を踏まえて、片づける意義を伝えると、腑に落ちると思う。例えばミヒロは、無駄な時間や効率の悪いことがすごく嫌でしょ？

だから、デスクの上が請求書など処理しなければいけない書類でいっぱいになっている時は、「今のうちに整理しておかないと、あとで必要以上に時間がかかって非効率だよ」と伝えるの。

ミヒロ　自分が大事にしている価値観を踏まえてアドバイスしてもらえたら、男性も嫌な気はしないいし、ありがたいなって思うよね。

WAKANA　相手が受け取れる形で提案するって、ある意味「翻訳作業」だと思うの。相手の行動を見て、相手の立場に立って、「この人が受け取れる言葉ってなんだろう？」

と考えて伝えていく。

「翻訳作業」って聞くと、一見大変そうに思うかもしれないけど、女性側もそれで相手がやってほしいことを対応してくれたら100倍ラクだよね。

ミヒロ 相手にわかる形で、翻訳し合って伝えるって、コミュニケーションの基本かもしれない。

これは今回の片づけの問題に限らず、いろんな面で使えそうだね。

ベスト・パートナー・セラピー

「片づけられないパートナーには、片づけのハウツーとそのメリットを、相手にとって受け取りやすい言葉に翻訳して伝えよう」

片づけられない人には大きく二つの理由があります。

まず片づけ嫌いの人は、そもそも方法を知らないこと。その片付ける方法を具体的に教えることで案外と「なるほど、これならできる」と合点することもあるはずです。
そしてなにより大きいのは、本人にとってはまったく片づけに興味がないこと。本人にとっては散らかった状態に困らず、片づけるための時間を取るのが面倒だし、片づけるメリットを覚えないということです。

これがひとり暮らしであれば、本人が最終的にやらざるを得ない状態になるわけですが、同居人がいて、妻のほうが散らかった部屋に耐えられなかったら、ついつい片づけてしまうので、ますますやる意義が見つからなくなります。

そこでなにより大事なのは、**「片づけるメリット」を、相手にとってプラスのある言い方で伝えて、モチベーションを促す**ことです。

相手にとって「仕事の生産性があがる」とか「運気があがる」といった自分の価値観に根ざしたメリットがあれば、心に刺さるものです。
相手が受け取りやすいメッセージに「翻訳」して伝えてみましょう。

TREE OF LOVE

PRESENT!

このポストカードの木の絵は、夫婦で南フランスを訪れたときに出会ったアーティスト、バーバラとのコラボレーションでうまれた『ライフツリーカード』の中の「Tree of LOVE」というカードです。

これには「自分という木にたくさんの愛というハートの実を実らせよう」「違った愛の形に心を開く」「愛そう、愛されようという深い想いに素直に生きる」というキーワードがあります。

このカードを部屋に飾っておくことで、今まで気づかなかったたくさんの愛に気づくことでしょう。

魔法の質問

- なぜパートナーは片づけられないのでしょうか？
- どういう伝え方をしたら、パートナーは片づけたくなりますか？
- パートナーが大切にしている価値観は何ですか？

ことあるごとに価値観のズレ

二人が目指したい方向性を、すり合わせよう

ケース12

伊藤きょうこさん（仮名、40代前半）

夫とあまりにも価値観が違うので、よく揉めてしまいます。盆正月に、夫は夫婦揃って夫実家に帰るべきだといい、私はそれぞれが別々に実家に帰省すればいいという考え方。子どもにとっては両方の祖父母に会いたいはずですから。

ほかにも、しつけ、教育費、冠婚葬祭費、親戚付き合い……夫婦としてことあるごとに違っていて、どうしたらいいのだろうと悩む日々です。

Mihiro&Wakana's TALK

WAKANA　パートナーと価値観が違うことは、全然悪いことじゃないと思うの。もちろん、価値観が近いパートナーだったら、同じことを楽しいと思えたり、生活スタイルも似ていたりして楽だけど、価値観が違う人と関わることで人って成長していくんじゃないかな？

自分とは違う考え方や生き方を知ることができるし、新しい自分に出会えたりするから。だから、パートナーと価値観が違うことを悲観するのではなく、**自分にとって新しい価値観を、どう受け入れて成長していくか**っていうことにフォーカスするのが大事だと思う。だからこそ、全く違う価値観のパートナーを選んだわけだしね。

ミヒロ　そうだね。そもそも100％価値観が同じ人なんて、この世にはいないし、価値観は違って当たり前。**価値観が違う二人だからこそ、新しいものが生まれる**しね。

あと、みんな価値観ってよくいうけど、「価値観とは何ですか？」と質問しても答えられない人も多いんじゃないかな？

ぼくは、この「価値観」を別の言葉で置き換えると、「何を大切にしたいか？」だと思っているんだ。そして、この「何を大切にしたいか」について、パートナーと二人で話し合った時に、100％一致することってないよね。

WAKANA　100％一致したとしたら、クローン人間だよね（笑）

ミヒロ　だから、**二人で「何を大切にしたいか」を話し合って、相手が大切にしたいことで「譲れるところ」は相手に合わせて、「譲れないところ」は、認め合っていくということをする。**

そうやっていけば、パートナーと価値観が違っても、いい関係は築けるはず。

WAKANA　そうだね。たとえば、片方が旅行好きで、もう片方が旅行好きじゃなくても上手くいくよね。

このご相談者さんは、きっと「パートナーと価値観が同じこと」を求めているのではなく、「パートナーに、自分が大切にしている価値観を大切にしてもらうこと」を求めていると思うの。

そういう意味で、お互いの大切にしていることも知り、それについて話し合えるといいね。

それから、「こうあるべき」は小さい頃からの環境でつくられたものだから、それって人にとって自分の家族との愛や思い出が詰まっているわけで、大切にしたいことなんだろうなと思う。

それぞれの大切にしたいこと、想いという視点から話をすることで、どちらが正しいとかの戦いのエネルギーになることなく、安心してお互いに話し合いやすいんじゃないかな。

ミヒロ　そしてぼくは、**「価値観」よりも大事なのは「方向性」**だと思っているんだ。

この「方向性」を別の言葉で置き換えると「二人でどんなことを実現していきたいか」ということ。

これがあまりにもかけ離れていると、いくら価値観が合ってもうまくいかないと思う。

WAKANA　ここで大事なのは「二人で」という視点だよね。

この視点が抜けていると、

「私はこういうことがしていきたい」

「ぼくはあんなことがしたい」

とズレていくから。

ミヒロ　もちろん夫婦でやりたいことが違ってもいいんだけど、その場合は「お互いの夢ややりたいことを、応援し合える関係でいたい」といった風に、目指していく方向性が一致していないと、バラバラになってしまうと思う。

WAKANA　私のお友達夫婦は、「二人で高め合える人生を送りたい」と言っていた。

それも素敵だよね。

ミヒロ　夫婦によって正解は違うので、ぜひ二人で話し合ってみてほしいね。

ベスト・パートナー・セラピー

「価値観が違っているのは成長にもなる、それより二人の『方向性』を話し合ってみよう」

他人であった二人が一緒に暮らすのですから、価値観が違っていて当たり前。

価値観が違う二人だからこそ、新しい何かが生まれる余地もあります。

「パートナーと価値観が同じこと」を求めるのではなく、互いに違っていることを前提にしましょう。

「何を大切にしたいか」を話し合って、相手が大切にしたいことで「譲れるところ」は相手に合わせる。

一方、「譲れないところ」は、互いに認め合っていきたいものです。

そして「価値観」よりも大事なのは「方向性」です。

「二人でどんなことを実現していきたいか」について、ぜひ話し合ってみましょう。

二人のバックグランウドから来る価値観が違っていても、二人がこれから作っていく方向性は、すり合わせられるし、新たに作り出せるもの。

二人で何を実現していきたいか、話し合いたいですね。

魔法の質問

- あなたが大切にしていることは何ですか？
- パートナーが大切にしていることは何ですか？
- パートナーが大切にしていることで譲れるところ、譲れないところは何ですか？
- あなたはどんなことを実現していきたいですか？
- 二人でどんなことを実現していきたいですか？

第3章

夫婦の時間に不満なあなたへ

- 夫婦だけの時間がない
- 体の相性のことが話せない
- スキンシップがなく淋しい
- いくら頼んでも拒否され悲しい
- 夫をもう異性として見られない
- 夫の浮気で信用崩壊
- 夫とは別に恋人がいる

お互いが、男女として、またお互いの体に
どう関わりたいか探っていきましょう

忙しくて、夫婦の時間がない

ママから自分に戻る時間を作ろう

ケース13

大原しずかさん（仮名、30代後半）

子どもを出産してから忙しく、夫婦の時間がなかなか作れず、寂しく思っています。以前は夫婦の時間もあったのですが、今は子ども中心になっていて、もはやパパとママ以外の役割はない感じです。

子どもができたらそういうものなのかなとも思いますが、そこから少しでも抜け出せる方法はないでしょうか。

Mihiro&Wakana's TALK

WAKANA　この方はもしかしたら、ママである自分と、ひとりの女性としての自分を一体化させてしまって、個人がなくなってしまっているのかもしれない。

私の友人で、日本人とフランス人のカップルがいてね、彼らは定期的に夫婦の時間を作っているの。

子どもたちには早めにご飯を食べさせて、「ここからは大人の時間だから、あなたたちは子供部屋で遊んでいてね」といって。

そんな風に、ママである自分と、ひとりの女性としての自分を切り離すってことをあえてしないと、子どもが小さいうちはずっと忙しいままになってしまうと思うの。

ミヒロ　そうだね。子どもと自分がセットになると、だんだん個人としての自分がなくなっていくから、いざ旦那さんと二人の時間ができたとしても、子どもの話ばかりしてしまいそうだね。

WAKANA　そう、個人としての話ができなくなってしまうの。だから、ママである前に、自分自身でいることを大切にしたいよね。

ミヒロ　この日本人とフランス人カップルのように、心がけ次第で夫婦二人だけの時間は作れると思うけど、でも奥さんが時間を作りたくても、旦那さんが忙しくて時間を作れないケースもありそうだよね。

WAKANA　まさにそういう夫婦がいたよ。旦那さんの仕事が忙しくて、夫婦の時間がとれず関係がギスギスしてしまったんだって。

そこで奥さんの方から、心で感じている感情とか、淋しさとか思いを、素直にそのまま旦那さんに話したらしいの。

「こんなにも二人の時間がとれないのだとしたら、私が思い描いている理想の夫婦の形ではないから、この先不安だ」って。

そのまま伝えたことで、旦那さんも聞くことができたのね。

旦那さんとしても、奥さんを幸せにしたいっていう男気があるから、奥さんがハッピーじゃないってことは、自分がうまくやれてないっていう風に思っちゃうわけ。

奥さんが批判していなくても、勝手に批判されているように感じちゃうの。

だからこそ**批判ではなくて、素直な相手への想いや、相手と大切にしたいことを伝えるっていうことが、すべての始まり**。

それで二人で話して「やっぱり二人で生きていきたい」という答えが出て、

「人生の時間の使い方で、何が大事か」

ということについて、話し合ったそう。

今では毎週一回、夫婦ミーティングの時間を作って、仕事の話から趣味の話、将来の話まで、いろんなことを話しているらしいの。

忙しさは変わらないの。忙しいままなんだけど、今では時間を取って、二人でノートを使って書き込んだりしているみたい。今はとっても仲良くて幸せそうよ。

ミヒロ　この相談者さんも、旦那さんに素直に話して、意識的に自分たち二人だけの時間を取るようにできるといいね。

WAKANA　そうそう。素直に話すということが大切。

そして、一分からスタートしてもいいから、自分時間をとろうと決めること。

ちゃんと二人の時間をとることや、それぞれが親ではない自分として話す時間をとること、そのすべての時間を楽しむと意図しているように見える友人のパパママがいるんだよね。

彼らを見ていて思うのは、**親になったら子どものことがすべてになると意図すればそうなるし、親になっても自分の時間と家族の時間、夫婦の時間のバランスをうまくとろうと意図すれば、そうなるための情報も助けも集まってくるということ。**

世の中には、うまくバランスをとっている家族は数え切れないほどいるから、うまくいってそうな人を探して、どうしているのかを自分で聞いてみるのもいいと思うな。

ベスト・パートナー・セラピー

「ママではなくて、ひとりの自分に戻る時間をほんの数分でもとったり、意識的に夫婦だけの時間を作ろう」

お子さんが産まれたら、その子を育てるために一生懸命になり忙しさも倍増するもの。夫婦の時間がすっかりなくなってしまうカップルが多いでしょう。

でも忙しいからこそ、子ども中心の生活だからこそ、あえて意識的に二人の時間をとり、ママからひとりの女性に戻る時間を作りたいものです。

意識的にそうしなければ、どうしてもママとパパという役割だけに固定してしまうもの。

そしてパートナーに話す時には、まず素直に思いを伝えて。

相手を批判しているつもりはなくても「このままでは、辛い」といった話になれば、相手は非難されていると勝手に思いがち。

それよりも素直に、パートナーへの思いや大切にしていきたいことを伝えてみるほうが心を開くものです。

どんな風にパートナーとの時間を過ごしたいか、話し合ってみましょう。

そして二人だけの時間をとるために、例えば週に一回だけシッターさんを雇う、あるいはママ友同士で助け合う、子どもが寝た後の時間を使うなど、どんな工夫が考えられるかリストアップしてみましょう。

魔法の質問

- どこまでが親で、どこから自分に戻れる時間ですか？
- どれくらいパートナーと二人の時間がとれたら幸せですか？
- 二人でどんな時間が過ごせたら幸せですか？
- 二人だけで過ごす時間を作るために、どういう工夫ができるでしょう？

セックスの相性の不満

体のことも、問いかけと対話で育もう

ケース14

澤田ひろみさん（仮名、40代前半）

夫とのセックスが気持ちいいと感じられません。感じているふりをしても、あとで自分がしんどくなるだけ。

だけど「もっとこうしてほしい」とか「これは嫌」というのは恥ずかしいし、相手を傷つけるんじゃないかと言い出せなくて……。

どうやったらわかってもらえるでしょう。

Mihiro&Wakana's TALK

ミヒロ　この本を作るにあたって、パートナーシップの悩みを募集したんだけど、一番多かったのが「セックス」に関する悩みだったんだよね。

WAKANA　そうだよね。いろんな悩みがあったけど、実はどの悩みも「ある共通点」があるなあ、と思ったの。

ミヒロ　どんな共通点？

WAKANA　**『問題が起きていてもパートナーに伝えずに、そのままにしてしまっている』ということ。**

二人で話し合えば簡単に解決するような問題でも、ひとりで悩んでいるからなかなか解決できずに悶々としているんだよね。

ミヒロ　日本ではセックスの話をするのはタブーなこと、と思っている人も多いから、誰にも相談できずにひとりで問題を抱え込んでしまっている人が多いのかもしれないね。

WAKANA　私はセックスもコミュニケーションのひとつだから、他の問題と同じように、相手と対話して育むものだと思うんだよね。

人間関係で大切なのはコミュニケーションだって、みんなわかっているじゃない？　最初は知らない人間同士が知りあって、何が好きか、何が嫌いか対話したり、時にはケンカしたりして、徐々に関係が育まれていくよね。

セックスも、体のコミュニケーションなのね。だから、育んでいくものだよ。

最初から決まったものもあるわけないし、ちゃんと、自分たちがどんなコミュニケーションを望んでいるのかっていうことを知らないといけない。

そもそも、男性と女性で体の違いがあることもあるし、全く違う臓器をもった肉体。
そんなあきらかな違いがあるのだから、コミュニケーションなしにひとつになっていくのは難しい。

その人と向き合うっていうことは、その人の体にも向き合うっていうことなのね。
体のコミュニケーションとして育んでいかないと。
だから、伝えるときも相手を尊重しながら、望んでいることを丁寧に伝えていく。

ミヒロ　セックスもコミュニケーションのひとつと考えると、これまでそのことについてパートナーと対話を避けていた人も、視点が変わるかもしれないね。

この相談者さんのように、パートナーとのセックスに不満があっても、「恥ずかしくてそんなこと言えない」とか「相手を傷つけてしまいそうで言えない」って人、けっこう多いと思うけど、ふつうのコミュニケーションと同じように考えていいと思う。

「言いにくいことを伝えるために、相手にどういうふうに伝えますか？」という質問に答えていけば、パートナーと対話できるようになるんじゃないかな。まずは、「セックス＝コミュニケーションのひとつ」と考えることだね。

WAKANA　私たちもセックスについても、付き合っている時に話し合ったんだよね、二人が上手くやっていく上で、すごくそこは大事なテーマな気がしていて。どういう関わり合いをしたいかっていう一環として、その話をしたんだよね。

ミヒロ　それで、じゃあ一緒に勉強してみようみたいな感じになって。

WAKANA　本をいっぱい買って勉強したり、話したりして。本で学んだというより、**お互いが考えたり、想っていることを話し合った**よね。そのおかげでセックスというのは、ただ性欲を満たす時間っていうところじゃない、という認識が生まれたかもしれない。

ミヒロ　これには正解はないし、ルールもない。人それぞれ違うものだから、何をされると心地いいのか、何をされると嫌なのか、そして心地いい頻度ややり方とか、自分に質問していくのがいいし、二人で話し合って育んでいけるといいね。

ベスト・パートナー・セラピー

「セックスは本来パートナーとの関わりを深めるコミュニケーション」

まず自分に問いかけて欲しいのが、二人のセックスがこれからどのようでありたいかということ。

あなたにとっての理想、そして二人にとっての理想のセックスは何でしょうか。

知らない二人が言葉を交わして少しずつ知り合い、恋に落ちて、結婚にいたる。

その道のりには多くのコミュニケーションがあったはずです。

同じようにセックスもまた体のコミュニケーションです。

なにが好きで、なにか嫌いかを伝えていって、だんだんコミュニケーションが円滑になり、より深くわかりあえるものです。

もしセックスの話をいい出しにくいとしたら、どういう伝え方なら伝えやすいか自問してみましょう。

「もっとこうして欲しい」というよりは、「こうされると、もっと気持ちいい」という言い方もできるし、「こういうのが好き」と示すこともできるでしょう。

パートナーにとっても相手の満足につながることは、むしろ積極的に知りたいはず。

夫婦にとってセックスは大きなテーマです。

どういうセックスが、二人にとって理想なのかは、誰にでも当てはまる公式があるわけではなく、二人で作りあげていくもの。

言葉を交わして、コミュニケーションを育んでみましょう。

魔法の質問

- セックスもコミュニケーションのひとつだと考えるなら、相手に言いにくいことをどのように伝えますか？
- セックスもコミュニケーションのひとつだとして、どんな風に育みたいですか？

スキンシップの不満

なぜ自分にはスキンシップが必要なのか考えてみよう

ケース15

斎藤めぐみさん（仮名、50代前半）

私はスキンシップをしたいのに、夫は体に触れられるのを嫌がるタイプ。
なので淋しいです。でもセックスレスではありません。
夫婦の会話もあります。
どうしたら、もっとスキンシップをできるようになれるでしょうか。

Mihiro&Wakana's TALK

WAKANA　スキンシップが得意な人、不得意な人はいると思うけど、愛する人とのスキンシップって、本来心地いいものだと思うんだよね。

ミヒロ　そうだよね。赤ちゃんが「抱っこ、抱っこ」ってお母さんに求めるように、信頼している相手とのスキンシップであれば、みんな好きなはず。
相手が嫌がるということは、なにか理由があるのだろうね。

WAKANA　この場合、最初から「なんでスキンシップを避けるの？」と相手に聞く前に、相談者さん自身で「なぜスキンシップが自分にとって必要なのか？」という問いに答えていくことが大事かもね。

ミヒロ　なんで、この問いに答えていくことが大事なの？

WAKANA　たとえば、ある人は「愛する人と触れ合っていると安心する、幸せを感じるからスキンシップが必要」という答えが出るかもしれない。

それならいいけれど、「夫がスキンシップしてくれないのは、私のことを愛していないのかもしれない」と思い込んで、**夫の愛情を測るためにスキンシップを求めていたら、要注意**だと思うの。

「私のことを大切にしてよ！」という感じでスキンシップを求められると、旦那さんはそれに応えることに義務感をもってしまって、本当に求めている安心とか幸福という感じになりにくくなってしまう。

ミヒロ　たしかに男性もだんだん義務みたいに感じてしまうかも。

WAKANA　だからこそ、相手がなぜスキンシップをしたくないのか理由を聞く前に、自分自身で「なぜスキンシップが自分にとって必要なのか？」を改めて考えていくことが大事だと思うんだ。

ミヒロ　そうだね。お互いにとって理想のスキンシップを考えて話し合うといいかもしれないね。その上で、二人のスキンシップで大切にする具体的なことを決めていくこともできるよね。

「二人で歩く時は手をつなぐこと」
「朝晩ハグすること」
「マッサージをし合うこと」
みたいにね。

二人で理想をすり合わせてみたら、実は「1日1回ギュッってするだけで満足」という答えが出るかもしれない。

WAKANA　あとは「お互いにとって、どういうタイミングで、どんなシチュエーションで、どんなスキンシップを、どれくらいされると心地よいか」をすり合わせていくことが重要だと思う。

例えば、スキンシップは好きだけど、忙しい時とかタイミングやシチュエーションによっては、相手を不快にしてしまうこともあるからね。**心地よいスキンシップも人それぞれ違う**から、そこは話し合って、自分たちにとってのいい方法とやり方を見出していくことが大事だよね。

そういう歩み寄りが、お互いの愛を深めていったり、育んでいったりするのかなって思う。

あとはね、人が触れて気持ちがいいなと感じるのは、気持ちがいいものに触れたとき。心地よいスキンシップを望むときは、自分自身が気持ちいい状態や安心できるような思いをもって生活することも、ひとつの方法になる。そして、相手が安心して身体を寄せてこられるような、あたたかい雰囲気や空気を常につくるようにすることも大切だね。

ベスト・パートナー・セラピー

「相手にとって心地よいことは何かを探ってみよう」

どんな子どもでもハグや撫でられるのは、大好きなもの。

元来、人間は誰でもハグをしたり、手をつないだりといったスキンシップを好み、それが精神的な安定に欠かせないといえるでしょう。

とはいえ、**スキンシップがそのまま愛情の証明とはなりません。**

自分からパートナーとのスキンシップを試みて、拒否されたらもちろん淋しいとは思いますが、だからといって「そこに愛情はない」と決めつける必要はありません。

パートナーにしたらスキンシップを拒むのは、単に照れくさいという理由かもしれません。もしくはスキンシップに対して良い体験をしたことがないのかもしれないのです。

状況や頻度も関係してきます。人前でベタベタしたくないという男性もいるでしょうし、何か取り込み中のときは触って欲しくないという人もいます。

ポイントは二人にとって、どういうスキンシップが理想であるかということ。

あなたはふだんから小さなスキンシップが欲しいのに対して、パートナーは特別な時にハグするものと思っているかもしれないのです。


「スキンシップが愛情の証のすべて」と決めつけないで、まず自分にとってなぜスキンシップが必要なのか、相手にとって心地よいことは何かを尋ねていきましょう。

互いにとって心地よいスキンシップがわかっていったら、二人が納得できる二人だけのスキンシップリストを作ることもできるでしょう。

例えば一日一回は必ず挨拶としてのハグをする。仕事がうまくいったり、何か良いことがあった時に必ず分かち合ってハグをしたり、ハイタッチしたりする。

あるいは肩もみやマッサージをし合うといった方法も考えられます。


大切なのは、自分にとってもパートナーにとっても心地よいスキンシップを、二人で探っていくことです。

魔法の質問

- あなたにとってなぜスキンシップが必要なのですか？
- あなたにとって理想のスキンシップとは、どんなものですか？
- お互いにとっての理想のスキンシップとは、どんなものですか？

セックスレス問題

何が問題なのか、二人で向き合おう

ケース16

中村あきこさん（仮名、30代前半）

手をつなぐなど、日常のスキンシップはあるけれど、私がいくら頼んでも夫にセックスを拒否されてしまいます。

「もう女として終わったんだ」と思うと悲しくて……。

今から昔のように関係が戻ることはないのでしょうか。

Mihiro&Wakana's TALK

WAKANA　こんなシーンだとは傷ついてしまうよね。まずは自分を癒すということが先決。

「私は十分愛されているし、愛している」というような言葉を本当に思えなくても自分に何度もかけていくの。

そして、自分が喜ぶことをまず自分にしていく。

問題を解決するときは、なるべく自分を癒して、満たしておくと、力みなく自然にシンプルに向き合えるから。

その上で、先ほどの「夫がスキンシップを嫌がる」という悩みに対するワーク（169ページ）をやって、何が本当の問題なのか、二人で向き合うといいよね。

例えばセックスレスの原因が、旦那さんが仕事で忙しくて疲れていたり、ストレスが溜まっていたりして、夫婦の時間を作れないために起こっているのかもしれない。

そうだとしたら、今の働き方や生き方では、二人で幸せな関係を築くのは難しいかもしれないよね。

「どういう働き方、生き方をすれば、家庭とバランスがとれるか」を話していって、できることから変えていく必要があると思う。

実際に私の友人で、旦那さんが仕事で忙しすぎて、夫婦の時間がなくなって関係性が悪くなってしまったカップルがいたのね。

彼らも「二人にとって、どんな時間を大切にしたいか」を話し合って、離婚を回避したそう。

ミヒロ　もし結婚前からいつも自分から誘わないと、セックスがなかったのだとしたら、なにか違う問題が潜んでいるかもしれないよね。

もしかして根本的な問題もあるかもしれないから、

「自分たちにとって、もっとも大事なことって何？」

「二人で大切にしたい時間って、どんな時間？」

「何でも変えられるとしたら、どうしたい？」

という感じで、対話できるといいと思う。

WAKANA 旦那さんの方で過去にトラウマがあったりして、セックスに対して悪いイメージや、何らかの「恐れ」がある可能性もあるよね。
知人は、旦那さんが射精すると体によくない、みたいな情報を受け入れて、急にセックスを拒むようになったらしいの。そのことについて、医学的な視点から二人で検証して、大丈夫っていう安心を得て、その後子どもを授かっていた。

つまり、**他のスキンシップはするのに、なぜセックスを拒むのか、という本当の理由を知らないと前に進めない。**セックスは体のコミュニケーションだから、二人がコミュニケーションをしないまま、良いほうにいくというのは、難しいと思うの。

ミヒロ　二人で本当の問題は何なのか。どういう風にそこへ関わっていくのがいいのか、というようなところを話し合うっていうことをするのが大切だよね。例えば、

「どんなことが問題？」

「セックスに対して、どんなイメージがある？」

「セックスに対して、どんな恐れがある？」

といった質問をして、パートナーがセックスに対してどんなイメージを持っているのかを互いに理解して、どのように関わっていけたらいいか話し合えるといいんじゃないかな。

WAKANA　そうだね。セックスがなくても割り切って、この人と家族として生きていきたいと二人が思うのであれば、そういう道も、ありだと思う。逆にセックスは身体のコミュニケーションであると共に、本能的なものであるから、本能を大切にしていきたいという時は、二人の別の関わり方を探していった方がいいこともあるかもしれない。

ミヒロ　どんな答えがあっても受け止めるっていう覚悟を持って、ちゃんと話し合ったほ

うがいいね。

WAKANA　これからも夫婦としてやっていくなら、セックスの問題は必ずセットでついてくるもの。

「相手からどんな答えが出たとしても受け止める」という覚悟をもって、センシティブなテーマであるからこそ、あたたかい雰囲気の中で夫婦で向き合っていけるといいよね。

ベスト・パートナー・セラピー

「今後どういう関係を築いていきたいのか、自分と相手の答えを知ってみよう」

自分から誘ったセックスを断られたら、とても傷つくし、淋しいものでしょう。

でも「女として終わったんだ」と勝手にひとりで結論づけても、なんら問題は解決しません。まず考えて欲しいのは、**パートナーが抱えている気持ちはコミュニケーションをしない限り、わかりあえない**ということ。

パートナーが拒否している原因は疲れているからかもしれないし、男性として身体的に問題を抱えているのかもしれません。

あるいは、もはや妻が家族にしか感じられなくて、セックスできないということもあり得るでしょう。

それどころかまったく予想のつかない理由、実は心の底では異性よりも同性が好きであるとか、ある特定のシチュエーションでないと、その気になれないといった原因もあり得るのです。

つまり原因が、あなたにはあるわけではなく、彼自身のなかにある可能性も高いのです。

パートナーとはいえ他人なのですから、聞き合い、伝え合わない限り、相手が何を考えているかはわかりません。

大切なのは、自分たちにとってセックスは何なのか、二人にとって大切なことは何なのか話し合ってみること。
その上で、セックスレスの原因は、二人で解決していけることなのか。
他に助けを依頼した方がいいのか。
あるいは、彼自身のなかにある問題であるのか。
そして今後、どういう関係を築いていきたいのか。

もしかしたらパートナーから想定外の答えを聞くことになるかもしれません。
でも、もし今相手が自分にとって大切な人なのであれば、「どんな答えが出ても受けとめる」という心構えで、より正直な関わり合いで絆を深めるために、二人が向き合って対話をしていくこと。

「自分なんて……」と悲観するのではなく、本当にありたいパートナーとの関わりにフォーカスし直すことで、なにかが動くはずです。

魔法の質問

- いま問題になっていることは、どういうことですか？
- 自分たちにとって最も大事なことって何ですか？
- 二人で大切にしたい時間って、どんな時間ですか？
- 何でも変えられるとしたら、どうしたいですか？
- セックスに対して、どんなイメージがありますか？
- セックスにどんな恐れがありますか？
- それを理解した上で、どのように関わっていけたら嬉しいですか？

夫を異性として見られない

自分の喜びのために動こう！

ケース17

内藤くみこさん（仮名、40代前半）

結婚して子育てしているうちに、夫とは家族の一員のようになってしまい、お互いもう異性としては見られません。家族としては大切だし、よい父親だと思います。でもあまり一緒に過ごす時間もないし、彼はラインも既読スルー。

夫ともう一度、恋したいと思い合うような関係を作りたいです。

今からときめきを取り戻せるでしょうか。

Mihiro＆Wakana's TALK

ミヒロ　もう一度、夫と恋がしたいっていうのは、気持ちはとてもわかるんだけどなかなか難しいかもね。なぜならば、男女の関係性というのは恋から愛へ育まれていくものだと思うの。だから愛から恋にいくというのはあまりないかもね。

恋がしたいっていうことじゃなくて、この年月付き合ったからこその、愛しい関係性を再び作りたい、だったらわかる気がする。

WAKANA　うん、この方が言っているのは、もう一度愛しいという気持ちで関わり合いたいってことだと思うよ。

そういう関係性を作りたいのであれば、これまでとは違う関わり合いをするといいよね。もしパートナーに「もっと私のことを女性として見てほしい！」と思っているのなら、「彼が女性として見てくれるようになるために私はどんなあり方をすればいいんだろう？

どんな行動をすればいいんだろう？」

と自分なりに考えて行動してみる。このとき大切なのは、**相手に「もっと私を女性として見てよ！」と求めるのではなくて、自分の思いに素直になって、自ら行動すること。**

すぐに相手がときめいてくれなくても、それは相手のせいではないの。今までそういう関係性を自分たちで作ってきたわけだから。それを変えていくには、自分から動いて少しずつ変えていくといいね。

ミヒロ　自分から行動して、心を開いていくってことが大事なんだね。でもこれを聞いて「なんで私ばっかりがんばらなくちゃいけないの？　夫は何も努力していないのに……」と思う人もいるんじゃないかな。

WAKANA　自分がそれを望んでいるのだから、自分から動くことは自然なことなのだよ。だって相手は、今は特にそのことを望んでないわけだから。自分がやりたくてやっているんだから、相手に求めるのではなく、自分から心を開いて行動していく方が、物事がどんどん動きやすいんだよ。

ミヒロ　これは夫婦関係だけじゃなくて、いろんな人間関係でも言えることだね。例えば、「なんであの人っていつも挨拶しないの？」と不満を言うんじゃなくて、挨拶してほしいなら自分から挨拶しましょうっていうことと同じ。

WAKANA　そう。相手にして欲しいんだったら、自分からやるだけ。あと、ここでまた大事なのは、**「私はこれだけやったんだから、あなたも同じようにしてよ」という期待を手放すこと。**

相手を変えようとしないっていうのがすごく大事なの。

じゃないと、相手を変えるためにがんばってしまう。

でも、それだと男性は強要されているように受け取って、心が開いていかない。

特に、変えようとされるということは、ある意味男性にとっては、今の自分の存在や考えを認められていないと感じやすいかもしれないから、そうなると、防衛反応でいろんなことを受け入れてもらいにくくなる。

ミヒロ　そうだね。怖くなって、もっと離れていってしまうかも。

WAKANA　うん。時に女性よりも男性の方が繊細だったりするんだよね。

だから相手を変えるためにやるんじゃなくて、**「自分の望んでいることのために、自分の喜びのために行動する」**っていう**意識が大事**かな。

それがなにより、自分自身が疲れずに、ゲームのように楽しみながら挑戦できるコツだね。

ベスト・パートナー・セラピー

「喜びの為に自分を磨いてみよう」

パートナーとして暮らすうちに、家族になってしまって、お互いに異性として見られなくなってくる。すべては変化するものですから、恋愛初期のドキドキが永遠に継続することはなかなか難しいかもしれません。

それでも家族として大切だから、互いに異性と感じなくても、二人が満足しているなら問題はありません。

けれどもひそかに不満を抱えているのなら、まず自分の心に問いかけてみましょう。

パートナーとの関係はどうありたいですか？

本当に求めているのは何ですか？

あなたが欲しいのは、昔のように「きれいだね」とか「かわいい」と言ってもらうことかもしれませんし、あるいはたまに二人でデートをすることかもしれません。

お互いにもっと魅力的に感じられる関係性を持つことをしたいですよね。ちょっと視点は変わりますが、**パートナーを認めてあげたり褒めてあげることも、していますか？**

「え、今さらそんな恥ずかしいこと言えない」

「そんなことを言うシーンがないし、そんな褒め言葉をかけたくなるような恰好も行動もしていない」

といった心理があるなら、たぶんパートナーにとっても同じかもしれません。

相手も照れくさく、そんなことを口にするシーンがないと感じているのかもしれません。

まず自分から何ができるのか考えて、自ら動いてみましょう。

柔軟なあなたが変わることで、パートナーとの関係性が変わることは多いにあります。

パートナーの異性としての部分を意識して褒めること。

自分を引き立てるヘアやメイクやファッションを研究すること。

楽しみながら自分を磨いたり、「女性」である自分を意識したりすること。

自分が楽しんで、望んでいる未来に向かって行動してみましょう。

魔法の質問

- 理想とするパートナーとの関係性はどんなものですか？
- それを実現するために、あなたは何ができますか？
- そのふたつを取り組むことによって、あなたにどんな喜びが生まれますか？

夫の浮気で信用崩壊

自分自身が自分の一番の味方になろう

ケース18

渡辺さやかさん（仮名、40代前半）

夫の浮気が発覚しました。夫は相手とは切れて、「もう二度と浮気したり、悲しませたりすることはしない」と言っています。けれど、どんなに言われても浮気されたことの悲しみがフラッシュバックしてしまいます。

私をこんなに好きになってくれる人はいないと思って結婚したのに、彼が信用できなくなり、毎日とても辛いです。元のようになれる日は来るのでしょうか。

Mihiro&Wakana's TALK

WAKANA　信頼していた旦那さんが他の女性と浮気をしていたことがわかったら、それはすごく辛いことだと思う。

しばらく立ち直れなくて当然だし、旦那さんがどんなに謝ったとしても、すぐに信頼関係を取り戻すのはむずかしいもの。だから、思い切り落ち込んでいいんだよ。

ミヒロ　そうだね。傷をすぐに癒そうとしなくていいよね。たとえば体に深い傷を負ってしまったら、次の日には治らないよね。傷が深ければ深いほど、治すのに時間がかかる。

心の傷も同じこと。一度心に深い傷を負ったら、それを立て直すのに時間がかかるのは当たり前だよね。

そして「傷は治るもの」と信じることが大切だと思う。

「どうせもう治らない」と思っていると、実際の傷も心の傷も治らないけど、「絶対治るから、少しずつ治していこう」と取り組んだら、傷はいつか癒えていくから。

WAKANA そうだね。いま必要なのは、自分を慰めることかな。

親友が同じ状況になった時に、かけてあげたい言葉を自分にかけてあげるの。

「辛かったね。悲しかったね。今までよくがんばったね」

と自分にかける言葉を、愛の言葉にしていくの。

ミヒロ ふとした時に、悲しみが襲ってくることもあると思うけど、その度に愛の言葉を繰り返しかけていくんだね。

WAKANA そうやって傷を癒しながら、**同時にやってほしいのは「自分を自分で信頼する」ということ。**

ミヒロ 「自分を自分で信頼する」というのは、どういうこと?

WAKANA　この方は、私をこれほど好きな人はいないと思って結婚したのにこういうことが起きてしまって、彼が信用できなくなったといっているでしょう？

この方にとっては、相手に愛されることが自分の価値を受け入れるということだったと思うのね。だから、彼が私を愛していないということを感じる行動は、自分の価値がなくなってしまうと感じることになる。それで男性不信になって、心から信用できないみたいになってしまっているのだと思う。

ミヒロ　相手より先に、まず自分で自分を愛さなきゃいけないってことだね。

WAKANA　そうなのよ。**人の気持ちも、相手も、まわりもすべて諸行無常で、いろんなことは変わっていく。だから本当に信頼できるのは、自分なのね。自分への愛。自分が自分を信頼するということなの。**

すべての人間関係において言えることだけど、他人のことは100％コントロールできないじゃない？「コントロールできないこと」や「他人の気持ち」を気に病む時は、実は本当の自分が発しているではなくて、自分の外側にフォーカスしているとき。
つまり、いま本当に見るべきところが違いますよ、というサインになるのね。
これは、何度も私自身が検証してわかったことでもあるんだ。

だから「どんなことが起きたとしても、私自身が一番の味方だから大丈夫」と自分にフォーカスして、自分を信頼し続けることが大事なの。
自分に対してどう思い、関わるかが、どんなに環境や人が変わっても、唯一自分でコントロールできるところ。自分への信頼が揺らがなければ、まわりに影響を受けすぎることもない。

自分で自分の価値を一番理解しようとしたり、そのための努力をしたりしていくと、いままで外に愛を求めていたことで漏れていた自己愛が、どんどん自分に注がれていく。

ミヒロ　自分を信頼するというのは、自分の中から出て来た思いを、自分が一番の味方でいるということだよね。

WAKANA　そう、**そのためには自分がどんな人なのかっていうのをよく知ること。**

知らないと、味方でいることも、応援することも出来ない。

自分のいい所とか、好きな所を好きにならないと、応援できないじゃない。

ミヒロ　自分への信頼がないと、具体的にどうなってしまうのかな？

WAKANA　たとえば旦那さんがもしこの先、本当に奥さんのことだけを愛し続けたとするよね。でも「何があっても私は大丈夫」という自分への信頼がないと、「また浮気をするかもしれない」と夫を信じることができない。

ずっと不安を持ち続けることになって、せっかく愛してくれているのにその愛を受け取れないことになる。

そしたら、愛されていても愛されていると感じることができない。

ミヒロ　なるほど。**自分を信頼することと、パートナーとの信頼関係を築くって、一見別**

のことのように思うけど、実はつながっているんだね。

じゃあ、「自分を自分で信頼する」ために、どうすればいいのかな？

WAKANA　これは、他人との人間関係を築く時とまったく同じ。人との信頼関係って、何度も対話をして、相手の意見を受け入れていくなかで育まれるじゃない？　それを自分自身とすればいい。

自分の心の声を聞いて、どんな答えが返ってきたとしても受け入れるの。

例えば、「今、どんな気持ち？」と聞いてみる。そうやって自分と向き合って、「なんで私は、こんな悲しい気持ちになっているのかな？」「あ、そうか。私が考える理想のパートナーシップはこういう形で、それが夫と実現できなかったから悲しいのか」という感じで、対話を続けるの。

ミヒロ　感じたことを、自分で聞く。どんな答えが出ても受け止めることだね。

とはいえ、つらい時期だと自分と対話しながら、

「あの時、私がもっとこうすれば、夫の浮気は起こらなかったかもしれない」

「私なんて価値がないんだ」

と必要以上に自分を責めてしまう人も多いかもしれないね。

WAKANA　うん、実際にそういう人も多いと思う。自己対話で一番大切なことは、自分に優しくすること。もし自分に対する批判の声がでてきたら、こう自分に質問してみるといいよ。

「自分にどんな批判がありますか？」

「自分にどんな怒りがありますか？」


批判や怒りや悲しみは、自分の声を一番自分に聞いて欲しくて起こってくる強い感情。

だから、自分を批判したいからそう感じているのではなく、**本当はどんなことを感じてい**

きたいのかを知るために、軌道修正として起こっている。

このようにして、感じたことを優しく聞いて、紐解いていくと、客観的に「ああ、私は自分自身に対して、こんな風に思っていたんだ」と知ることができる。

そのとき、相手がどうこうではなく、自分自身が癒やされて、悲しい出来事も相手も許すことができる。

傷は、相手が癒すものではなくて、自分が癒すもので、自分で治るものだから。

そうやって自分をより深く知って信頼関係を深めて、自分自身が一番の味方になれば、これから先何が起きても、たとえ相手から何をされたとしても、こだわらなくなる。

私自身、これまで人間関係で悲しいことや辛いことがあって、「もう人を信頼できないかもしれない」と思ったこともあったの。

でもこうやって自分と対話をすることで、少しずつ傷を癒すことができたから。

これはパートナーの浮気に限らず、あらゆる人間関係で悩んでいる人にもワークすると思う。

ベスト・パートナー・セラピー

「自分にやさしい愛の言葉をかけてあげよう」

信頼していたパートナーに、浮気をされていたと知ったら、心がズタズタになるでしょう。

「信頼」そのものを踏みにじられた気になって、もう二度と信用できないと感じてしまっても当然のことです。

でも何もすぐに傷から立ち直って、無理に信用しようとしなくてもいいのです。

体の傷だって深い傷がつけば、しばらく安静にしているものです。

徐々に傷が治るように、心の傷にも日がクスリになります。

まず今は「辛かったよね、痛かったよね、よくがんばったよね」と、大切な親友にかけるように、やさしい愛の言葉を自分にかけてください。

そして少し痛みが癒えた時に、自分自身に「どんな気持ちであるか」尋ねてみましょう。**悲しいのか、悔しいのか、不安なのか、そしてそれがなぜなのか。**

「自分がダメだから、彼が浮気した」
「浮気するような男と見抜けなくて結婚した自分が悪い」
「あの時に何かおかしいと兆候に気づかなかった自分が鈍かった」
といったように、つい自分を責める方向になることもあるかもしれません。

でも自分を責めることだけはしないでください。それは傷をひどくさせるだけです。

あなた以上に、あなたの味方でいる人はいないのです。

パートナーがこの先、本当に反省して二度とよそ見をせずに、あなただけを忠実に愛したとしても、自分が自分を信じられなかったら、不安はいつまでも残ります。

けれども彼の気持ちが変わったり、浮気をしたりしても、あなた自身があなたの価値を下げない限り、必要以上に被害者意識を持ったり、悲しむことはないのです。

他人を変えたり、コントロールしたりすることはできなくても、自分を信頼することはできることです。

何が起きても、自分の価値は下がらないし、自分を大切にすることはできます。

まずあなた自身が、自分の一番の味方でいましょう。

魔法の質問

- どんな言葉で自分を慰めますか？
- 今、どんな気持ちですか？
- 自分にどんな怒りがありますか？
- 自分にどんな批判がありますか？

夫とは別に恋人がいる

心と体と、本当の自分の声を聞こう

ケース19

原えりこさん（仮名、40代前半）

既婚なのに、他の人を好きになってしまいました。職場の上司なので、関係は崩したくなくて本心を言えないまま、会うたびに苦しいです。

一方で、夫とのセックスでは感じず、出会い系で知り合った人と身体を満たしています。体の相性は良いのでこの関係は続けたいですが、モラル的には、罪悪感で揺れています。自分でもどうしたいのかわからず、モヤモヤしています。

Mihiro&Wakana's TALK

WAKANA　この相談者の方は、心と体と精神がバラバラになってしまっているから、こういう状況にいるのかもしれないね。

心が求めている声、体が求めている声、精神が求めている声がそれぞれ違うの。それらが満たせていて、うまくバランスがとれていたら、パートナーはひとりでいいのかもしれない。

ミヒロ　この方の場合、体が求めているのは、出会い系の人だよね、心は上司だよね。では精神が求めているのは何だろう?

WAKANA　まだ精神が求めているところまで見つけられていないのかな。

おそらく**本当の本当に自分が大切にしたいこと、本当に自分が求めているところには至っていないから、バラバラなんじゃないかな。**

そこを知っていくっていうことが、今後の選択を決めていくと思う。

ミヒロ　精神というのは、本当の自分ということだね。心と体と本当の自分がバラバラになっているとしたら、統一するためには、どうすればいいのだろう?

WAKANA　まず「私は今、バラバラになっているんだな」ということを知って、ただそのまま受け止めること。

その上で、体が求めていること、心が求めていること、そして本当の自分が求めていることをそれぞれ知ることが大事。

「体が求めていることは何?」
「心が求めていることは何?」
「私って、本当は何が欲しかったんだっけ?」
「どんなことに幸せを感じるんだっけ?」

そう自分に問いかけていって、今まで覆い隠していた声を聞いてみるの。声が聞けたら、求めていることを満たすために、行動に移してみる。

世の中のモラルをいったん横に置いて、いい悪いではなくて、ひたすら自分の声を聞いて行動に移して、また声を聞いていくの。

それを繰り返していくと、自分が求めていることがわかるので、それをパートナーと話し合って一緒に作っていけばいいんじゃないかな。

ベスト・パートナー・セラピー

「本当の自分が求めている気持ちを大切にしよう」

夫がいるけれど、他に好きな人もいる。夫には性的な欲望はもうないけれど、他の相手とセックスをしている。夫と別れるつもりはないけれど、浮気もしてしまう。

そんな秘密を抱えて悩んでいる人もいることでしょう。

ここでは人としてのモラルはいったん横において、自分の心に問いかけてみましょう。

体が求めているのは何か、心が求めているのは何か。
「本当の自分」が求めているのは何なのか。

なんとなく「気持ちに引きずられて」しているようなことでも、自分に問いかけてみて、本当に自分が求めていることにフォーカスしてみましょう。そうした時に

「夫との関係が性的でなくなってしまったので、誰かに女性として扱われたい」とか
「今の結婚生活を清算したい」とか
「人から関心を持たれたい」あるいは
「自由に生きてみたい」といった思いがけない答えが出てくるかもしれません。

本当の自分が求めていることは何でしょうか。
それをするためには、どう行動したらいいのでしょうか。

あなたが本当に求めていることをしたら、その時、気持ちはどう動くでしょう。

魔法の質問

- 体が求めていることは何ですか？
- 心が求めていることは何ですか？
- 本当の自分が求めていることは何ですか？
- この３つを満たすために、それぞれどんな行動をしてみますか？
- 行動してみて、どんなことを感じていますか？

第4章

離婚、そして再出発をするあなたへ

- 離婚に踏み切れない
- 離婚されて希望が持てない
- 離婚、倒産でどん底
- 次の理想の相手が思い描けない

常識を脇におき、正直な気持ちと
本当に必要なものにフォーカスしてみましょう

別れたいと思いながら、別れられない

自分に正直に生きるなら、どんな選択をする？

ケース20

三浦ともこさん（仮名、30代）

夫にもう気持ちはありません。離婚をしたいと考えています。

でも子どものことや経済的なことを考えると、不安で踏み切れません。

また離婚に対してなぜか罪悪感を感じてしまい、ためらいがあります。

結局のところ全部自分のせいだと思いながら、相手の顔を見るのもイヤになってしまっています。どこから動いていけばいいのでしょう。

Mihiro&Wakana's TALK

ミヒロ　この方は、気持ちとしては離婚をしたいけれど、いくつか不安があって、踏み切れないいんだね。ここには3つの理由があると思うんだ。
全部を一緒に考えると混乱しがちだけれど、一緒にしないで、ひとつずつバラして考えていくと、道筋がクリアにしやすいと思う。

WAKANA　3つの問題は、左のことだよね。
1・子どものことを考えると、踏み切れない
2・経済的な不安を考えると、踏み切れない
3・離婚に対して罪悪感を感じて、踏み切れない
これをひとつずつ考えていってみようか。

ミヒロ　まず「1・子どものことを考えると、踏み切れない」。

この問題で、離婚に踏み切れない人は多いよね。WAKANAはどう思う?

WAKANA　もし相談者さんが、「離婚をしたら子どもはかわいそう」「離婚をしたら子どもが不幸になる」と思って、自分らしくない生き方をしているとしたら、少し見方を変えられるかもしれないよね。

まず世の中でよく言われている「〜すべき」「〜したほうがいい」という常識や暗黙のルールをいったん横に置いてみる。その上で「自分にとっての幸せ」を考えてみると、その人にとっての本当の答えが出てくる。

そうやって出てきた答えは、本当にしたいことだから、人が本当にしたいことをしようとする時というのは、自然とパワーも知恵も行動力も湧いてくるものだと思うんだよ。

ミヒロ　そうだね。世の中でよく言われていることに対して「本当にそうなのかな?」と、一度考えてみるのはよいことだね。例えば、こんな質問をしてみるといいかもしれない。

「両親が揃っていれば、子どもは幸せですか?」

WAKANA　お母さんって、やっぱり家庭の中心だから、「家族が幸せであることが、私の幸せ。だから家族のためにも、私が我慢すればいいんだ」と考える方もいると思うの。

でもね、やっぱり自分に嘘をついて、**自分の気持ちを犠牲にして我慢していても、いちばん近くにいる家族には伝わる**と思う。

例え子どもが小さかったとしても、子どもも何かを感じとるはず。

子どもって、親が自分の世界そのものだから、身体と心で精一杯いつも親のことを感じているんだよね。自分自身に嘘をつかずに、自分が幸せでいることが、結局は自分ととても深くつながっている子どもや家族にも嘘をつかないということで、周りの人たちも正直に生きることにつながると思う。

ミヒロ　そうだね。**本当に家族を大切にする、家族を幸せにするとは、どういうことなの**

か、一度考えてみるのがいいかもね。こんな質問を、自分にしてみるのは、どうだろう。

「自分に正直になるとしたら、どんな選択をしますか？」

「両親が揃っていても、子どもが幸せじゃない状態って、どんな状態ですか？」

「もし離婚したとしたら、子どもはどうすれば幸せになると思いますか？」

「親の役割は何ですか？」

WAKANA そして自分の幸せが、子どもの幸せに直結するとしたら、という視点でも考えてほしいな。

ミヒロ 「子どもは、どんな母の生き方を望むと思いますか？」という質問にもぜひ答えてもらいたいね。

WAKANA 実際に離婚した両親の子どもたちの話を聞いたりすることもあるけど、もちろん、子どもにとってパパとママと一緒に暮らすことから人生が始まっているから、一緒がいいという気持ちを持っていて当然。だから、寂しい思いをさせてしまうということは自然と起こってくるかもしれない。

けれど、子どもたちは親を自分で選んできていて、そこで起こる体験も実は自分で決めてきている。だから、親は、いかに子どもが自分で決めてきた体験を、良い悪いという判断ではなく、**豊かな肥やしとしての経験にしてあげていくか、自分を大切に幸せに生きようとする姿をみせるか**、ということの方が、本音を我慢していくことよりも、エネルギーを注いでいくといいことなのかもしれない。

ベスト・パートナー・セラピー

「子どもを理由に我慢するのではなく、自分が大切にしたいことを感じてみよう」

すでに離婚も視野にあるけれども、いざ現実の離婚となると、なかなか踏み切れないもの。そのもっとも大きな理由といえば、お子さんではないでしょうか。

子どものことを考えると、両親が揃っていたほうがいいのではないか。

片親になったら、充分な教育や習いごとをさせてあげられないかもしれない。

離婚したことを友達に知られたり、苗字が変わったりしたら、かわいそう。


そんな風に思い悩んで、ためらっている方もいるでしょう。

しかしお子さんにとって両親さえ揃っていたら、それが幸せでしょうか。

もし本音を覆いかくして「子どものためだから」と我慢して過ごしたとして、後でお子さんはどう感じるでしょう。


まず「親は必ず揃っているべき」「子どもが成人するまでは我慢するべき」といった社会通念をいったん脇において、本当は自分がどう生きたいのか、どう選択したいのか、自分に質問してみましょう。

そこで出てきた、あなたの本音はどんなものでしょうか。

そして親として、子どもにしてあげられるベストのことは何でしょうか。

答えはみんな正解です。

安心して、まずは一つひとつじっくり決めて考えていきましょう。

魔法の質問

- 両親が揃っていれば、子どもは幸せですか？
- 自分に正直に生きるとしたら、どんな選択をしますか？
- 両親が揃っていても、子どもが幸せじゃない状態とは、どんな状態ですか？
- もし離婚したとしたら、子どもはどうすれば幸せになると思いますか？
- 親の役割は何ですか？
- 子どもは、どんな親の生き方を望むと思いますか？

WAKANA　次に「2・経済的な不安を考えると、踏み切れない」という悩みも多いよね。これは経済的な安定を求めるか、それとも自分に正直に生きるか、どちらを選びたいかだと思う。

もし自分に正直に生きるよりも、経済的な安定を選んだとしたら、「私はこの道を自分で選んだんだ」って自覚すること。そうしたら物事の見方が変わって、経済的な安定をくれているパートナーに対して感謝の気持ちも起きるかもしれない。

そこで与えられていることと、自分の気持ちや望んでいる生き方を目の前に置いたときに、どちらの方が、自分にとって大切に感じるかを客観的に見てみるといいね。

ミヒロ　質問にすると、「現状において、あなたが選んでいることは何ですか？」ということを自分に問いかけるとよさそうだね。

WAKANA　今、自分が選んでいる選択肢を改めて知った上で、「自分が本当に望んでいることは何ですか？」と質問できると、いいよね。
自分で決めたことは、自分で自分に納得している状態。
納得していれば、心が開いていくし、そこで生き抜く知恵や助けを素直に求めていける
し、自分の幸せなあり方への努力も思いきりできる。

ベスト・パートナー・セラピー

「自分が現状望んでいることと、本当に望んでいることを知ってみよう」

離婚する際に、多くの人が抱える心配ごとが経済的な不安でしょう。
実際に日本では、シングルマザーの貧困率が高く、幼い子どもがいると正規雇用されに
くいという、厳しい現実もあります。

そこで最初に自分に問いかけて欲しいのが「自分が現状では、何を選んでいるか」とい
うことです。それが「経済的に安定した生活」だとしても、それを良いとか悪いとか判断

しないでよいのです。まず自分が何を選んでいるか、現状を把握して、その上で「本当に自分が望んでいるのは何か」を問いかけてみましょう。

もし今後の人生でも本当に欲しいものが「安定」であれば、それを第一優先すればいいのであって、パートナーに対する見方も変わってくるかもしれません。

一方で、やはりパートナーとこれ以上は一緒にいられない、自分の人生をこう生きたいという答えが出てくる可能性もあるでしょう。

そこからは現実に即して解決していくために、きちんと養育費の取り決めをしておくとか、これからの時代に必要な力を身に着けておくとか、自分の貯蓄を作っておくといった具体的な方法となっていきます。

どの道を選ぶにせよ、あなたの人生を選ぶことができるのは、あなた自身。まず「自分が現状で選んでいる」こと、そして「本当に望んでいる」ことを明確にしてみましょう。

魔法の質問

- 現状において、あなたが選んでいることは何ですか？
- あなたが本当に望んでいることは何ですか？

ミヒロ　最後に「**3・**離婚に対して罪悪感を感じて、踏み出せない」。これは離婚するということ自体に、マイナスのイメージを持っているという心理だよね。ぼくだったら「別れたいの、別れたくないの」って聞くと思う。本当はそういうシンプルなことだと思うんだ。この相談者さんは、

「離婚する私はダメなんだ」「私が至らないから、こんなことになってしまったんだ」

と自分を責めているのかもしれないね。

WAKANA　離婚を「間違ってしまったこと」と、とらえてしまうのだろうね。

しかも結局のところ自分が悪いってとらえているから、なおさらネガティブになってしまうよね。

自分がすべて間違っていた、ということを受け入れなくてはいけなくなるから、相手を見れば見るほど自分を責めてしまうことになるし、相手を見るのもイヤになるのだろうし。

でも、**どれだけ自分を責めても何も生まれない、ということを知ることが、限られた自分のエネルギーや時間のためにも大切**だと思う。

ミヒロ　本当に問題を解決したいのであれば、何が問題なのか、そしてどうしたいのかっていうことと、「自分を責める」ということを切り離して考えるということだね。

WAKANA　そう。自分を責めてしまうために、「何が問題になっているのか」、そして「自分はどうしたいのか」という視点が曇ってしまっているのかも。だからこの相談者さんにしてもらいたいのは、「絶対に自分を責めない」というルールを設けること。

「離婚に対してなぜ罪悪感を感じるのか」について考えてみてほしい。

ミヒロ　罪悪感の原因がわかって、今までの曇りが消えてきたら、「自分が本当に望んでいることは何か」を考えられたらいいね。

ベスト・パートナー・セラピー

「自分のことを責めるのはやめよう」

離婚そのものにマイナスイメージを抱いている人は少なくありません。

パートナーの選択を見誤った自分が悪かった、うまく結婚生活を続けられなかった自分がいけなかった。

そんな風に自分を責める方もいるでしょう。

離婚した人を「バツイチ」と呼ぶように、なにか失敗したようなイメージを世間が植えつけているのも、たしかです。しかし本当にそれは失敗でしょうか。


その時は「ベスト」と思った選択であっても、人も状況も変わるし、人の気持ちも移り変わります。これからあなたは、今の自分にとってベストを選んでいけるのです。

まずは「自分のことを責めない」というルールを設けましょう。

自分を責めても、なにも生まれません。むしろ自分を責めたてるから、本来もっとも大切である、

「自分が本当に望んでいること」

が見えづらくなっているのかもしれません。

自分を責めずに考えるとしたら、あなたが本当に望んでいることは何でしょうか。

魔法の質問

- 離婚に対して、なぜ罪悪感を感じるのですか？
- 自分が本当に望んでいることは何ですか？

夫の心が離れて離婚。希望を持てない

学びを受け取り、自分軸を取りもどそう！

ケース21

青木ゆきさん（仮名、40代後半）

夫が私から離れてしまい、離婚することになりました。
愛している人との別れがこんなにもつらいことだと思いませんでした。
夫の愛を失って、私がどれだけ夫に依存してきたかわかりました。
これから何を愛して生きていけばいいのだろうと、毎日悶々としています。

Mihiro&Wakana's TALK

ミヒロ　愛している人との別れは、この方にとって、とても辛い出来事だったんだね。けれども「どうしたらいいの？」「どうやって生きたらいいの？」と、外に答えを求めても、**残念ながら答えは出ないかも。**もしぼくが質問するとしたら、

「これからどう生きていきたい？」

ということかな。

WAKANA　人はすごい窮地にたったり、辛かったりする時、どうしたらいいの！ってなるよね。でも、それではまだ外のものに依存している状態で、そのことに気づけていることは素晴らしい。外のものに依存していることで苦しければ、内にその目を戻してあげればいい。

もっと「私はどうしていきたいか」にフォーカスすると、ちゃんと自分に主軸を戻せる。

答えは必ずやってくるはず。

ミヒロ　これから「何を愛していけばいいのか」と悩むところで、自分以外の何かを愛さなきゃいけないと思っているみたいだよね。

誰かよりも、まず自分を愛することが大事だということだよね。

WAKANA　まずは外側に依存していたすべてのことを、自分に戻してあげることで、今まで見えなかった自分という世界を見ることができる。

そこは新しい世界だから、そこには何があって、どんなことが起きていて、どうしていきたいかを知ろうとすることで、**苦しさという感情にはまってしまった時間を新しい自分を育み、作ることに注いでいくことができる。**

どうしていきたいのかと、毎日自分に問いかけて、少しずつでもいいから答えていけるといいよね。そうやって、自分を愛するということを少しずつでも重ねていくと、自分の中に愛が溜まって、その愛に共感してくれる新しい愛する人と出会っていける。だから、どういう愛を自分にかけていくかが次の愛を見つけるポイントになるのかもしれない。

ミヒロ　それを質問にしていくと、

「これからどうしていきたいですか？」

「これからどう生きていきたいですか？」

「自分を愛するために何をしますか？」

といった問いになりそうだね。


離婚という経験は大きな傷かもしれないけれど、**その経験から得た学びやメッセージをきちんと受け取る必要があると**思う。

そこで初めて「これからはこんな風に生きていきたい」という答えが出てくるから。

WAKANA　そうだね。どんなパートナーシップでも関係を育むには、自分を知り、どんな風に自分に関わっていくかが問われることもあるし、型にはめるのではなく、自分と相手だけのオリジナルのパートナーシップのあり方を築いていくこと。


「どんな自分でいたいか」

「相手とどんな関わりをしたいか」

「相手とどんなことを共有したいか」

「相手とどんなことを生み出していきたいか」


そういうことを自分自身が知り、相手と関係性を作っていくこと。

だから離婚をして気づいた自分の理想の姿を、未来に当てはめていけば、メッセージを受け取ることができやすいし、前に進みやすいと思うの。


具体的に言うと、たとえば「前の結婚の時は、自分の意見をなかなか言えなくて、素直になれなくてうまくいかなかった」とする。だとしたら「今度は自分の意見や感じていることを表現できるような、そういう関わりがしたい」というメッセージが受け取れる。

そういう自分でいるために、ひとり時間の今、どのように過ごすか。

次のパートナーシップではどんなふうに取り入れて関わっていこうかを考えておくのもいいかも。

恋愛が始まっちゃうと、そういうことがどうでも良くなるでしょ？

だから、落ち着いて考えられる今にやっておくといい。

ミヒロ　これを質問にすると、こんな感じかな。

「うまくいかなかったのは、何が原因だと思いますか？」

「前の結婚生活で、あなたはパートナーにどうしてほしかったのですか？」

「前の結婚生活で、あなたはどうしたかったのですか？」

WAKANA　うん、その問いに答えるとできやすいね！　それに起きた出来事に対して、私たちは嬉しいとか悲しいとか感情を感じるけれど、実は物事に良い悪いはないいんだよね。

私は、人生には体験という、いろんな色のガラス玉がたくさんあると思っているの。

どの色のガラス玉が良いとか悪いとかはなくて、それらのガラス玉は、ただ私たちにいろんな経験をさせてくれて、自分らしく生きられるように、悲しいとか苦しいとかの感情をもとにして、わかりやすく道筋を見せてくれるものなんだよね。
赤色のガラス玉が良いことで、青色のガラス玉が悪いことということなくて、どの色も少し離れたところから見ると、きらきらしているんだよ。

そう考えた時に、この**離婚という経験は、相談者さんが本当に自分を生きて幸せになるために必要なメッセージを伝えている**のだと思うの。

ミヒロ　離婚という経験を受けとめて、本当にどう生きていきたいのか、ということがわかっていけるといいね。

ベスト・パートナー・セラピー

「ノートに自分の想いを綴ってみよう」

自分が望んでいたわけでもないのに、パートナーの心が離れて、離婚に至る。

それは辛く、淋しいものでしょう。

「これからどうしたらいいかわからない」

「何を支えに生きていけばいいのだろう」

心折れ、力つきた時には、そう考えてしまいますよね。

けれども自分より外のことに答えを求めても、答えは見つからないもの。

答えは、自分のなかでしか見つかりません。

自分自身がどう生きたいか、自分にフォーカスすることで、心の傷もただの痛みから、これから自分を支えてくれる糧となっていきます。


離婚という経験をどのようにみて、受け止めて、自分が幸せに生きていくための栄養にしていくかは、あなたの自由なのです。

すべての体験は自分がより本当の幸せの道に行くために起こされているとしたら、離婚という体験は、どんなメッセージや学びがあったでしょうか。

ノートに向かって自分の思いを書いてみるのも、非常に良い内省になります。


今回の結婚では得られなかったもの。

あるいは離婚して気づいた、自分にとって本当の理想のパートナーシップ。

次は、どういうパートナーシップを築いていきたいのか。

これからどう生きていきたいのか。


ここでできた答えは、すべて自分をもっと幸せにするためのキーワードです。

魔法の質問を自分に投げかけながら、

「これからはこんなふうに生きていきたい！」

という答えを少しずつ導き出しましょう。

魔法の質問

- 結婚生活がうまくいかなかったのは、何が原因だと思いますか？
- あなたはパートナーにどうしてほしかったのですか？
- あなたはどうしたかったのですか？
- 離婚はあなたに、どんな未来の幸せをもたらしてくれると思いますか？

離婚、倒産……。いろんなことがうまくいかず、どん底

大きな困難が起きた時は、大転機の時期

ケース22

堀田ちなつさん（仮名、40代後半）

離婚、会社の倒産、人間関係の悩み……。
辛いできごとが立て続けに起きてしまいました。
物事を前向きに考えることができません。
どうしたら、このネガティブなスパイラルから抜け出せるのでしょうか。

Mihiro&Wakana's TALK

WAKANA　いろんな人の人生を見てきて感じることがあってね、不幸な時こそ、じつは浄化の時かな、と思うの。

「なんで私ばっかりこんなひどい目に遭うの？」

というぐらい不幸な出来事が続いて、目の前が真っ暗になっている時には、

「本当の自分を生きるための大浄化」

が起きていると思う。自分では崩せなかった人生を、大きな愛が崩して、気づかせてくれているの。

ミヒロ　なるほど。じゃあ、この大浄化の時期は、どんな風に過ごせばいいの?

WAKANA　これまで持っていたモノ、考え方、価値観、人間関係などすべてを、

「これは私にとって本当に必要なのか」

と振り返ってみて、必要じゃないものを手放して一度リセットする。
手放して余白ができてはじめて、本当に必要なものを受け取れるようになるから。

ミヒロ　今まで必要だと思っていたものも、「本当にそれが必要？」と自分に問いかけて、手放していくんだね。

WAKANA　そう。大浄化の時期は、これまでの人生では手放せなかったことを、「もういらないよ」って教えてくれているの。だから、**しがみついたり、この出来事が教えてくれようとしているメッセージを受け取ろうとしないと、わかるまで、次々にどんどん衝撃的な出来事として起こされていく。**

だけど、今まで自分を安全に守ってきてくれたと思ってきたものを、自分自身で手放すことはとても怖いことだから、なかなか自分で変化を起こすことができない。
すると、時に、その人が大切なことに気づいて、突き抜けていけるタイミングで、不必要なものが切り離される、という体験が起こされていく。

だからこそ、大変なことが重なるような大浄化の時ほど、「今まで最も大切だと思っていたことを、本当にこれから大切にしたいことを大切にするために、手放す」

ということをやると、道が開けていくと思う。

すごく勇気のいることだと思うけれど、そういう出来事が起こっているということは、乗り越える力があるからこそ起きている。

だから、これまでもっとも大事にしてきた自分の信念とか、もっとも大事にしてきた思いとか人との関わりとかを、あえて手放してみる。

すると、本当の自分の喜びに合うものが引き寄せられて、人生が劇的に変わっていくと思う。

ミヒロ　そう考えると**辛い出来事というのは、自分らしく生きるための大きな転機になる**といえるね。

ベスト・パートナー・セラピー

「困難は今まで手放せなかったものの浄化のタイミングと捉えてみよう」

人生というのは不思議なもので、不幸なことや困ったことというのは、たいてい立て続けに起こるものです。

なぜ自分ばかりがこんな目に遭わなくてはいけないの？

なぜこんなに不幸が続くの？

辛い渦中にある時は、ネガティブな気持ちになってしまうかもしれません。

けれども困難は、ある意味で大転換期のサインなのです。

そして、それは変化して新たな道ややり方をしたほうがうまくいく、または、その準備があなた自身に整っているからこそ起きるのです。

これまで大切だと思ってきたこと、守ってきたこと、必要だと思っていたこと。

「本当にそれが必要？」「もっと大切にしたいことはなに？」

と自分に問いかけて、少しずつ答えて、その答えをどんなに小さなものでも良いので、行動に移していくことで、自然と手放していくプロセスになります。

今までの人生では手放せなかったことを、「もういらないよ」と大きな力が動かしてくれる浄化の時期かもしれません。

それはある人にとっては「家事も子育てもこなす良妻賢母にならなくてはいけない」という信念かもしれないし、「仲のよい夫婦に思われたい」といった思い込みや、あるいは「誰とでも仲良く」といった生き方かもしれません。

なにはともあれ、これまでかたくなに守ってきたことをごっそり捨て、新たな自分に脱皮するチャンスでもあるのです。

いらないものを捨てる大浄化によって、本当の自分が望むものが引き寄せられて、劇的に人生が変わるかもしれない転換期なのです。

魔法の質問

- その価値観は、あなたにとって本当に必要ですか？
- 手放したいことは何ですか？
- あなたにとって、最も大切なことは何ですか？
- その最も大切なことを手放せますか？
- あなたが本当に欲しいのは、どんな未来でしょうか？

素敵なパートナーシップのお手本がいない

外に出て、素敵なカップルに会いに行こう

ケース 23

加藤ふみえさん（仮名、30代後半）

これまで離婚を経験したり、失恋を繰り返したり……。

自分自身がいいパートナーシップを築いてこなかったので、理想のパートナーシップがよくわかりません。

自分のまわりにも、すごくいい関係だなと思える夫婦も見当たりません。

これから先、理想のパートナーに出会えるでしょうか。

WAKANA　理想のパートナーシップがハッキリと描けないということだよね。

人は知らないことを思い描くということは、結構難しいと感じるものなんじゃないかな。

だから、まず理想形を探しにいくの。もしこれまでパートナーと幸せな関係を築いたことがなくて、理想の形が分からないとしたら、ステキなカップルを見つけてみること。

ステキなカップルや夫婦は、私たちの周りにも本当にたくさんいるんだよ。

ということは、世の中にはもっとたくさんいる。


自分がパートナーシップを思い通りに築いていないときや、まわりを見ても見つからないときは、自分のあり方や考え方を、もっと気持ちよく生きられるように今までと変えてみたり、いま自分がいる場所を出て、うまくいっている人たちを探して、その世界に関わろうとしてみる。

そして、その人たちの近くに行って話を聞いたり、たくさん関わったり、彼らの関わり方、あり方、すべてをインストールしていくのがいいと思う。そうすると、今までになかった、自分が望むパートナーシップの新しい形や視点が見えてくるんじゃないかな。

ミヒロ　「実際に会いに行く」というのが大事だよね。やっぱり自分自身が体験しないと「自分事」にならないから。例えばぼくは山形出身なんだけど、子どもの頃テレビで原宿や渋谷のことを見ても、そんな場所は現実にはないと思っていたんだ（笑）

東京は仮面ライダーやウルトラマンと同じようにテレビの中の世界であって、ぼくは行けない場所だと思っていたんだよね。

それと同じで、テレビやインターネットなどで情報を探すという方法もあるとは思うけど、一番いいのは理想のパートナーシップを築いている人たちを探して実際に会うことだと思う。

WAKANA　私たちもたくさん外に出て人に会いに行って、どんどん理想の形が明確になったしね。

ミヒロ　でも中には「まわりに理想のパートナーシップを築いている人なんていないんです！」という人もいるかもしれないね。

WAKANA　そうだね。でも、本当はいると思うよ。ただアンテナが立っていないだけなんじゃないかな？

私たちも付き合う前に、どんなパートナーシップが理想か、どんな関係を作り上げていきたいかって話をしたんだけど、その頃は今ほど明確じゃなかった。

でも狭い自分たちの価値観の中で、精一杯理想を描いていって、それらを実現しているカップルを探したり、会いに行くことで、自分たちの理想とする姿が少しずつ明確になっていったんだよね。

ミヒロ　そうだったね。まずは簡単な言葉でいいから、自分の答えを持つことが大事かもしれない。そうするとアンテナが立つから、**いろんな人に会っていくなかで、理想の形が見つかっていくんじゃないかな。**

WAKANA　たしかに。まず「簡単な言葉でいいから、自分の答えを持つ」というのが、ポイントだと思う。たとえば「いつも楽しそう」とかでもいいの。そうすると楽しそうなカップルに目がいくでしょう。そして彼らと関わっていくうちに、「このカップルはいつも笑顔でパートナーと関わっているな」というふうに、理想の形のボキャブラリーが増えていく。

アンテナを立てていないとそれさえ始まらないから、自分のなかの精一杯の理想の姿を、まずは考えてみる。だんだんそれを明確にしていく。

自分で自分の答えを知るっていうことが大切なスタートだと思う。

ミヒロ　そういえば、ぼくたちの友人で付き合うことや結婚に理想を持っていなくて全然興味がない人がいたんだ。だけど、仕事でぼくたち夫婦と一緒に過ごすことで、最初は「なんでこんなにずっと一緒にいるんだ」とか「仲良すぎじゃないか」と不審に思っていたらしいんだけど、それが「仲良くしていいんだ」、「結婚っていいいな」という気持ちに変化していったらしいんだよね。

その後、最愛の人ととびきり幸せで愛に溢れる結婚をして、今はまわりから羨ましがられるほどお互いを大切にし合って幸せに過ごしているよ。

WAKANA　最初は、知らなかったり、今まで経験したことがないことに触れたときに、「自分には出来ないかも」という、ザワザワを感じることがあるかもしれない。けれど、自分の幸せのために心を開いて、自分にはなかった世界に触れ続けることで、そのザワザワが「こんな風になりたい」という理想の形に変わっていくんだよね。

ベスト・パートナー・セラピー

「理想のパートナーシップを実践している人を見つけてみよう」

自分が見たり、経験したりしたことがないものは、なかなか理想に描くことができにくいですよね。

理想のパートナーシップも、両親が喧嘩ばかりしているのを見てきたり、付き合う相手と求めていることが違ったりしていると、なにが理想なのか漠然としてわからないというケースもあるでしょう。

けれど、**自分がいる環境は自分で作りだすもの**。

あまり理想的な家庭に育たなかったことや、パートナーとの関わりがうまくいかなかったという体験を反面教師にして、どんな関わりだったら幸せかを見出すことで、それが理想の姿となっていくこともあります。

自分が思い描く幸せなカップルはどんな関係性でしょうか。
どんな関わりをパートナーとできたら心地よいですか。

そんなことを思い描きながら、まずアンテナを立ててみましょう。

アンテナを立て、その情報がありそうなところへ動いてみたり、学んでみたり、触れてみたり、聴いてみたりして、どんどん行動してみましょう。

自分がいる世界の周りには、数えきれない別の世界があります。

一歩外に出てみれば、さまざまな人たちや考え方、生き方があります。

あなたが探し求めれば、そのアンテナに情報やご縁が引き寄せられてくるでしょう。

その人たちがどのようにコミュニケーションを行なっているのか、あるいは互いの世界を尊重したり、歩み寄ったりしているのか、それを近くで感じ、触れていくことで、

「自分はこれからこういうパートナーシップを築いていきたい」

と理想の形も思い描くことができ、理想のパートナーシップを築いていける自分になっていけるでしょう。

魔法の質問

- どんなパートナーシップが理想ですか?
- 理想のパートナーシップを築いている人は誰ですか?
- その人たちは、どんな関わり合いをしていますか?
- 自分もできることは何ですか?

夫ミヒロとのこと

数えきれないほどの対話と時間を重ねて築いてきた私たちのパートナーシップですが、すべてがスムーズにうまくいったかというと、そうではなかったと思います。

たとえば、最初の頃はいろんな国へ一緒に出向き、たくさんの友人たちと過ごしたり、お仕事をしたりすることが楽しかったのですが、本の中にも書いたように、ミヒロはゆっくり過ごすことということが10分でいい人。ですから、当然行った先々でも毎日びっちり予定があり、ひとつの滞在先も数日で、すぐ移動。時差も気候もバラバラのところを飛び回るという日々でした。

男性女性という違いもあるのかもしれませんが、心やエネルギーの使い方が違うのと、どちらかというと、自分のリズムも仕事のペースももっとゆっくりにしないとすべてを感じきれない私は、体調を崩すようになりました。

一緒にすべてを体験すると二人で決めて付き合ったこともあり、ミヒロの想いと二人の時間を大切にしたいという気持ち、決まっている予定をこなさないと、まわりに迷惑をかけてしまうかもという恐れで、そのことについて話をすること自体が怖くて、無理をしていたのだと思います。


体調を崩して心が不安定になると、すべての予定も出来事も楽しみではなく、ストレスに感じるようになりました。どんどん動くミヒロに対しても不満を感じるようになったり、そのこと自体に悲しくなって、なんのために二人で生きると決めたのか、原点に戻ろうと思いました。

自分に正直に、二人にとっての幸せを創り出していくこと。

これが私の二人で生きる目的だったので、自分の心の声（もっとじっくりその土地、ご縁、体験を味わい、そこある気づきや豊かさを感じたい）に正直に、そのまま素直に伝え、二人のライフスタイルのあり方について話し合いとトライアンドエラーを重ね、約5年ほどかけて、今のライフスタイルと二人の関わり方をつくりあげてきました。

二人の関わりでイライラした時

つい最近、珍しくミヒロの言動にイライラしたことがありました。天候、寝不足、また沖縄に日本の拠点を置いたため、新しい暮らしづくりの疲れなどが重なっていたのでしょう。普段はすぐに心を整えられるのに、なかなかイライラがおさまりません。

しかも、その1時間後にお仕事があり、この状態とエネルギーでお客様に発信するわけにはいかないと必死だったのですが、考えてみても、悶々とするばかり。

直接この不快感について話してみても、ますます不快になってしまうのです。

そんな時ふと思いたって、いま庭で一緒に暮らしている蜂たちを見に行きました。ぼーっと見ていると、蜂たちがそれぞれの役割を全うしている姿のピュアでシンプルなエネルギーに触れることで、それまでの悶々とした重い世界から私自身が抜けだして、スッと楽になれたのでした。

この本には客観的にさまざまな問題の解決方法が載っていますが、心がどうしてもコントロールできない時、モヤモヤしてなかなか客観的に問題を見られず、自分を整えることがむずかしい時は、無理に解決しようとせず、イライラした世界からぐーんと離れてみてください。別の世界のリズムに影響されて、いつのまにかフラットな自分に戻っていたりします。それから対話したり、問題を見つめたり、自分をケアすればいいのだなぁと思います。

最後に

まず、この本を書き始めるときに、約300名の方がご自身の悩みをシェアしてくださいました。皆さんが勇気を出して伝えてくださったことは、多くの方が幸せに生きるためのたくさんの視点を与えてくださったことに他なりません。また、より多くの方にメッセージが届く大きな手助けをしてくださったことに心から感謝します。

次に、私たちと相談者の方々、読者の皆さまとを繋ぎ、分かち合うべき多くのメッセージを引き出してくれた鮫川さん、大切な時間をありがとうございました。

そして、親身に、この本や私たちが大切にしていることを大切にしてくださった大石さん。初の夫婦の著書を手がけてくれたのが大石さんで本当に良かったです。

最後に、この貴重な人生で、私と共に生きることを選び、こうしてたくさんの方と宝物のような体験すべてを一心同体のように分かち合おうとしてくれるミヒロに、精一杯の感謝を伝えます。本当にありがとうございます。

この本の1ページでも、皆さまが本来持っている、ご自身で幸せになる力をどんどんひらくお手伝いができたら、幸いです。こうして、皆さまの人生にかかわらせていただく機会を与えられたことに感謝します。

咲いたばかりの真紅のハイビスカスが風にそよぐのを眺めながら。

WAKANA

マツダミヒロ

質問家・ライフトラベラー／カウンセリングやコーチングの理論をベースに、やる気と能力が引き出される独自メソッド「魔法の質問」を開発。NHKでもとりあげられた「魔法の質問学校プロジェクト」では、各国の学校で子どもに魔法の質問を体験してもらっている。現在は、世界中で「自分らしく生きる」講演・セミナー活動を行う。著書は『質問は人生を変える』（きずな出版）『最愛の人と出逢う「恋のしつもん」 最高の関係になる「愛のしつもん」』（マガジンハウス）など国内外で40冊を超える。

WAKANA

幼い頃から大人の相談に数多くのり、心理学などを独学で学ぶ。また外見、内面の深い関わり合いを体感したことから、叡智を引き出す“ホリスティックファッションメソッド”を開発。1,000人以上の人生を変えていく。そのメソッドをもとに「ライフツリーカード」をリリースし「Yahoo!占い」「LINE占い」で1位に。一人ひとりと心から向き合い、幸せへ導くことを使命に活動し、セッションは常に半年待ち。夫婦のPodcast「ライフトラベラーズカフェ」は、Appleのベスト番組に選ばれ、視聴者は30万人以上になる。

ベストパートナーを育む 魔法のしつもん

2020年7月９日　第１版　第１刷発行
2020年7月10日　　　　　第２刷発行

著　者　マツダミヒロ・WAKANA
発行所　WAVE出版
〒102-0074　東京都千代田区九段南3-9-12
TEL 03-3261-3713　FAX 03-3261-3823
振替 00100-7-366376
E-mail：info@wave-publishers.co.jp
https://www.wave-publishers.co.jp
印刷・製本　萩原印刷

NDC159　255p　19cm　ISBN978-4-86621-259-3